NUDOS MENTALES

NUDOS MENTALES

Cómo superar nuestras propias barreras

Bernardo Stamateas

GRUPO ZETA

Barcelona • Madrid • Bogotá • Buenos Aires • Caracas • México D.F. • Miami • Montevideo • Santiago de Chile

1.ª edición: mayo 2016

© Bernardo Stamateas, 2015
© Ediciones B, S. A., 2016
   Consell de Cent, 425-427 - 08009 Barcelona (España)
   www.edicionesb.com

Printed in Spain
ISBN: 978-84-666-5814-0
DL B 7477-2016

Impreso por Unigraf, S. L.
Avda. Cámara de la Industria, 38
Pol, Ind. Arroyomolinos, 1
28938 Móstoles, Madrid

*A los que cada día buscan
crecer y mejorar un poco más*

Índice

AGRADECIMIENTOS 13

INTRODUCCIÓN 15

NUDO MENTAL 1
Los miedos 17

NUDO MENTAL 2
No fui querido ni valorado 25

NUDO MENTAL 3
Me afecta lo que la gente dice de mí 33

NUDO MENTAL 4
Te necesito, ¡dime qué hago! 39

NUDO MENTAL 5
Vivo aburrido 47

NUDO MENTAL 6
No monopolizar 55

NUDO MENTAL 7
Perdí un ser querido: el duelo 63

NUDO MENTAL 8
Vivo lleno de ira 71

NUDO MENTAL 9
Soy muy perfeccionista 79

NUDO MENTAL 10
Vivo presionado 89

NUDO MENTAL 11
Me cuesta cambiar mi manera de pensar: la rigidez . 97

NUDO MENTAL 12
Pensar obsesivamente en un tema 105

NUDO MENTAL 13
No saber priorizar 115

NUDO MENTAL 14
La falta de compromiso afectivo 123

NUDO MENTAL 15
Sentirse infeliz 129

NUDO MENTAL 16
Tú eres mi todo 135

NUDO MENTAL 17
La culpa verdadera y la culpa falsa 141

NUDO MENTAL 18
Hago todos los días lo mismo: la rutina. 149

NUDO MENTAL 19
Estoy enfermo 155

NUDO MENTAL 20
El dolor 161

NUDO MENTAL 21
Me cuesta aceptar los límites 169

Nudo Mental 22
Estoy en crisis   177

Nudo Mental 23
Creérselo: el orgullo   185

Nudo Mental 24
No sé bien quién soy   195

Nudo Mental 25
Llevarme mal con la gente   203

Nudo Mental 26
No sé qué hacer con mi vida   211

Nudo Mental 27
El pasado doloroso   215

Nudo Mental 28
Ser impulsivo al hablar   221

Nudo Mental 29
Ser tacaño: cuando gasto me siento mal   231

Nudo Mental 30
Necesito un gran cambio en mi vida   239

Bibliografía recomendada   245

A todos mis amigos

INTRODUCCIÓN

Nuestra mente funciona las veinticuatro horas, permanentemente estamos pensando. La calidad de los pensamientos determina la calidad de nuestra vida. No podemos ir más lejos que los pensamientos que tenemos. Muchos de ellos son «nudos mentales», ideas, creencias, que nos traen dolor, sufrimiento, limitación, angustia. La mayoría de estos nudos mentales que todos tenemos solemos resolverlos por nuestra cuenta, algunos más rápido, algunos más lento, pero otros nudos mentales nos limitan y nos traen dolor durante mucho tiempo.

En este libro, querido amigo, analizaré los treinta nudos más frecuentes que todos hemos tenido, tenemos o tendremos en algún momento de nuestra vida. No desarrollo mucho el nudo en sí, dado que es un pensamiento limitante, claro de entender, sino que pongo el énfasis en una idea para poder pensar de otra manera, ver el problema desde otro ángulo y así «desanudarnos».

Espero que este libro te ayude a pensar, a reflexionar y ver las situaciones de otro modo, y a tener un poco más de paz mental.

NUDO MENTAL 1

LOS MIEDOS

Idea liberadora:
Los miedos no se superan,
se les pone al lado un sueño más grande

Un cavernícola hambriento sale de su cueva en busca de alimento. Entonces, ve un mamut. ¿El cavernícola tiene miedo del mamut? Sí, claro. ¿Y qué hace? Vuelve a la cueva. Sin embargo, el hambre le gana y vuelve a salir. Ve al mamut. ¿Tiene miedo? Sí. ¿Y qué hace? Toma una piedra, inventa un arma, la mejora, mata al mamut y se lo come. ¿Por qué se enfrentó al mamut?
Porque el hambre era mayor que su miedo. El cavernícola regresa a la cueva. Al poco, sale nuevamente y ve otro mamut. ¿Tiene miedo? Sí, pero esta vez el hambre también es más grande que el miedo, así que se enfrenta al mamut, lo mata y se lo come. El hombre vuelve a la cueva. Al día siguiente sale, ve otro mamut y también a un conejito.

*Decide dejar al mamut y se come al conejito. Al otro día
sucede lo mismo: sale de la cueva, ve a un mamut, pero pasa
un conejito al que no le tiene miedo. Se come al conejito y
vuelve a la cueva. Un día sale de la cueva la mujer
cavernícola. Ve a un mamut y a un conejito. ¿Tiene miedo
del mamut? Sí; sin embargo, piensa: «Podría comerme el
conejito, pero me gustaría dejarles a mis hijos el recuerdo de
que su madre fue una cazadora de mamuts.» Entonces,
la mujer se enfrenta al mamut, lo mata y se lo come. ¿Qué
la motiva?, ¿el hambre? No; la motiva un sueño que es más
grande que su miedo.*

El miedo es un mecanismo fisiológico de defensa. Esta
emoción aparece cuando la persona percibe un peligro (real
o imaginario), una amenaza. El miedo es normal y benefi-
cioso si la amenaza es real, puesto que nos ayuda a preser-
varnos, al permitirnos actuar rápidamente y con eficacia.
Además, el miedo es necesario para nuestra adaptación al
medio y a las más variadas situaciones.

Una persona en busca de sus sueños no aplaca sus miedos, los reconoce. ¡No debemos tener miedo de tener miedo!
Todos tenemos un anhelo de superación, pero si ese anhelo
está disminuido, el miedo nos gana. Necesitamos soñar cosas más grandes que los miedos que tenemos, porque cuanto más grande soñamos, más grandes serán los mamuts que
nos animaremos a matar.

El problema está cuando no tenemos sueños grandes,
porque siempre vamos a buscar los conejitos. Tenemos que
ir tras sueños grandes y decir: «Yo no nací para matar cone-
jos, ¡nací para matar mamuts!» El sueño de la mujer cavernícola era dejarles a sus hijos y nietos un legado de valor. Su
sueño era más grande que su miedo.

No podemos solucionar lo que pasó, pero sí podemos hacer que sucedan cosas nuevas. Aferrémonos a nuestro sueño, y lo positivo ocurrirá.

¿Te consideras un soñador? ¿Tus sueños son suficiente-mente grandes y locos? ¡Sueña sueños grandes y locos!

PREGUNTAS

• **¿Por qué nos animamos a hacer cosas?**
Hay una tensión entre el miedo y las ganas. Nos animamos a hacer cosas porque tenemos una necesidad insatisfecha y deseamos satisfacerla.

Si no tenemos miedo es porque no estamos haciendo nada interesante con nuestra vida.

El tamaño de la persona es más importante que el tamaño del problema. ¡Tenemos que crecer más que nuestros problemas! Orison Swett Marden, fundador de la revista *Success Magazine*, dijo: «Los obstáculos te parecerán grandes o pequeños dependiendo de si tú eres grande o pequeño.»

• **¿Cómo contribuye el miedo a la solución de un problema?**
Frente a una situación que nos produce miedo, el cuerpo reacciona para maximizar las posibilidades de supervivencia. Todos nuestros sentidos se agudizan para estar más centrados. Esto sucede de forma automática, lo que es una gran ventaja, porque no tenemos que preocuparnos de activar todas estas reacciones, y

de este modo, nuestra tarea simplemente se concentra en analizar la situación y tomar la mejor decisión frente a la amenaza.

- **Tengo miedo de formar pareja. ¿Cuál puede ser la causa?**

  Muchas veces el miedo a formar pareja denota una baja necesidad personal y una alta presión social. Ahora bien, si una persona le confiesa que tiene miedo de formar pareja a su eventual pareja, esto es un mecanismo de seducción. La persona expresa un temor y esto genera cierto deseo de protección en el otro.

- **Tengo miedo de empezar un trabajo.**

  El miedo a empezar un nuevo trabajo es un conflicto entre necesidades. Por ejemplo, Colón tenía que decidir: arriesgarse a morir en el océano o ser un comerciante medianamente próspero en Italia. Este conflicto generó tensión entre lo que podía lograr aventurándose en el mar y lo que lograba en Italia. En su caso, la ambición pesó más que la idea de quedarse en el lugar de comodidad. Para vencer el miedo a empezar algo nuevo tiene que haber una incomodidad que nos mueva, que nos motive; en el caso del hombre de las cavernas, su incomodidad fue el hambre, y para la mujer cavernícola, el deseo de dejar a sus hijos una herencia de valentía.

- **¿Cómo son los miedos en la infancia?**

  En los **bebés** los miedos son innatos. Los niños muy pequeños siempre temen a los ruidos fuertes y a los objetos que se acercan rápido. Para calmarlos y brindarles seguridad hay que acariciarlos y tenerlos en brazos.

Alrededor de los **2-3 años**, a los miedos anteriores se les suma el miedo a la separación. Esta es la razón por la que los niños pequeños no se dejan tomar en brazos por personas que les resultan desconocidas. Ellos distinguen a las personas que conocen de las que no. Saben perfectamente quién es su mamá y quién su papá, y no quieren separarse de ellos. Durante esta etapa también tienen miedo a los animales (debido a sus movimientos y ruidos).

A los **3-4 años**, además del miedo a los ruidos, a los desconocidos y los animales, también tienen miedo a la oscuridad y a quedarse solos, porque saben que dependen de los demás. Son posesivos con su familia. Tienen miedo a los seres imaginarios (fantasmas, monstruos, etc.), ya que no distinguen lo real de lo imaginario; también tienen miedo a las tormentas. Estos miedos son los que más persisten en el tiempo, son los más exagerados.

A partir de los **6 y hasta los 11 años** aproximadamente, sigue el miedo a los fantasmas; sin embargo, los otros miedos empiezan poco a poco a decrecer. Los principales miedos se dan en el ámbito de la escuela y la familia. En esta etapa los niños tienen miedo a:

1. Ser ridiculizados.
2. Las exigencias de los padres.
3. El rechazo (confunden crítica con rechazo).

- **¿Qué podemos hacer los padres?**
Lo mejor que podemos hacer es mostrarles a nuestros hijos que son amados y protegidos. Debemos elogiar

sus logros, enseñarles a tener fe en sí mismos y hacerlos sentir apreciados con frases como: «¡Qué bien has hecho esto! ¡Qué mayor eres!» (a los hijos les gusta sentirse mayores).

Por otro lado, también es bueno permitirles que expresen sus miedos. Dar ejemplo también es un punto a tener en cuenta, ya que tanto el miedo como el valor son contagiosos. En el ejército, por ejemplo, antes de una batalla la tropa recita algún canto o vitorea para no decaer y darse valor.

- **¿Cuáles son los miedos en la adolescencia?**
  Los adolescentes tienen miedo a:
  1. Quiénes son, su identidad.
  2. La desaprobación de sus padres.
  3. El futuro (cuando se ven incapaces recurren a la droga y al alcohol).

- **¿Cómo podemos ayudar los padres a nuestros hijos adolescentes?**
  1. Nunca ridiculizarlos y decirles, por ejemplo: «¡Venga, miedoso!»
  2. Siempre podemos alentarlos, pero nunca empujarlos a hacer algo que temen.
  3. No sobreprotegerlos: «Deja que yo lo haga por ti.»
  4. Nunca transmitirles nuestros miedos. ¡Los hijos no son nuestros confesores, amigos, socios, psicólogos o contables!

- **¿«Miedo» y «ansiedad» son lo mismo?**
  No exactamente, aunque las reacciones son semejantes. El miedo es específico a un objeto real o imaginario, y es momentáneo. Por su parte, la ansiedad es un

estado permanente, generalizado, que persiste en el tiempo y no tiene un objeto específico.

- **¿Qué pasa con los miedos «imaginarios», los miedos falsos?**
  El noventa por ciento de nuestros miedos nunca sucederá: los miedos son ilusiones que vivimos como si fueran ciertas.

El peregrino y la Peste (John Maxwell)

Cuentan que un día un peregrino se encontró con la Peste y le preguntó adónde iba. «A Bagdad —le contestó esta—, a matar a cinco mil personas.» Pasó una semana y cuando el peregrino se volvió a encontrar con la Peste, que regresaba de su viaje, la interpeló indignado: «¡Me dijiste que ibas a matar a cinco mil personas, pero mataste a cincuenta mil!» «No —respondió la Peste—. Yo solo maté cinco mil, el resto se murió de miedo.»

- **Tengo miedo de perdonar. ¿Por qué?**
  Quienes temen perdonar creen que el perdón los hará parecer débiles o que de alguna manera perdonar sería como permitir que se repita el maltrato que recibieron. Muchas personas no quieren perdonar para mantener los beneficios de ser víctimas.

- **Me da temor hablar de cosas feas que me ocurrieron en el pasado.**
  Cuando hablamos de lo que tememos, eso deja de ser peligroso. ¡Rompe el secreto!

- **¡No me gusta perder ni a las canicas! ¿Por qué?**
Lo que tememos perder se transforma en nuestra debilidad. Todos tenemos debilidades, y hay que aceptarlo, porque somos fuertes y débiles. Pero cuando no queremos perder en nada, «ni a las canicas», manifestamos que estamos llenos de debilidades y pocas fortalezas. Sin embargo, cuando aceptamos que sí tenemos algunos temores, los importantes de la vida, esas debilidades se transforman en fortalezas por haberlas aceptado y limitado.

Nudo Mental 2

NO FUI QUERIDO NI VALORADO

Idea liberadora:
A se sana con A y no con B

Necesitamos ser sinceros para identificar si nos falta A,
porque si nos falta A, tenemos que conseguir A,
¡no sirve que sea B!

Todos los seres humanos tenemos desde el nacimiento dos necesidades básicas que buscamos satisfacer:

1. Estima

Tener estima es una necesidad psicológica y emocional que compartimos todos los seres humanos. Todos necesitamos que nos miren, que nos escuchen, nos valoren, nos feliciten, nos motiven, nos acaricien, nos respeten. Los padres somos los primeros en satisfacer esa necesidad en nuestros hijos.

2. Intimidad

La intimidad es una necesidad emocional. Todos necesitamos construir un vínculo de afecto con el otro, abrirle nuestro corazón a alguien y que esa persona nos abra su corazón a nosotros. La intimidad habla de conectarnos, comprometernos, intimar con el otro, darnos a conocer y conocer al otro, y tener una relación afectiva profunda.

A estas dos necesidades básicas las llamaremos A. Cuando A no está satisfecha buscaremos satisfacerla, y muchas veces lo haremos con B, es decir, con placer fisiológico (droga, alcohol, dinero, etc.).

Cuando nos falta "A" vamos a buscar satisfacer esa carencia con "B", "C", "J" o "M".

"A" únicamente se sana con "A".

Veamos algunos ejemplos de B:

B = Sexo

Hoy los jóvenes se sacan fotos seductoras, provocativas, y las suben a la red. Lo hacen para atraer las miradas, porque necesitan que los miren. Los contactos ponen «me gusta» y les comentan: «¡Qué guapa eres!» Esas conductas provocadoras son B. Mientras que el joven no reconozca que le falta A, por más que insista con B siempre quedará insatisfecho.

Hay hombres que chatean con mujeres y les dicen cosas bonitas, y también hay mujeres que «histerizan», seducen constantemente al jefe o a sus compañeros de trabajo. Estas son conductas de seducción B. ¿Por qué lo hacen? Porque necesitan A: ser mirados, valorados. En el fondo, lo que tienen es una insatisfacción de estima.

También hay hombres que dirigen comentarios agresivos o incluso piropos ultrajantes a las mujeres. Algunos no los dicen pero los piensan. ¿Qué les pasa a estas personas? Están cabreados, porque hay algo de A (estima o intimidad) que no está bien, y entonces ese cabreo, esa frustración, lo conectan con lo sexual. De este modo, se libran del cabreo expresando frases cargadas de agresividad. Hasta que no sean sinceros y vean dónde está su problema, seguirán intentando sanar A con B y siempre estarán frustrados.

B = Dinero

Una persona que trabaja a destajo para juntar dinero, que se angustia cuando tiene que gastarlo, que vive pensando cuánto cuesta esto o aquello, y que en vez de ver en el dinero una herramienta lo convierte en un fin, tiene una carencia de estima o de intimidad que trata de sanar con dinero, ahorrando compulsivamente o apegándose a las cosas materiales que la hacen sentir poderosa. Por ejemplo, dice: «El coche es mío y nadie me lo toca», «Que nadie use esa silla porque es mía», «Ese es mi escritorio».

De esta manera logra una autonomía aparente a partir de la dependencia de este objeto.

Los objetos deben funcionar como herramientas y no generarnos una dependencia.

Es normal que si nos rayan el coche o perdemos dinero, por ejemplo, nos moleste o nos dé rabia, pero no es normal que esto nos cause sufrimiento. Hay personas que literalmente continúan sufriendo cada vez que ven el rayón en la pintura de su coche o recuerdan que perdieron dinero.

Si puedes dar un objeto, lo tienes.
Si no te puedes desprender de él, el objeto te tiene a ti.

B = Trabajo

Como no pueden disfrutar de otras áreas, muchos hombres y mujeres centran el placer en el trabajo. Así, trabajan todo el día y aseguran que lo hacen porque les da placer, pero en realidad es porque están frustrados en el placer de otras áreas (relaciones afectivas, relaciones familiares, etc.). Se pasan la vida trabajando para sanar A, pero por mucho que lo hagan, el trabajo nunca podrá sanar una relación afectiva. Cuando para sanar A recurrimos a B, sufrimos, porque A nunca acaba de sanar.

B = Reconocimiento social

Hay personas que constantemente descalifican a los otros. Estas personas necesitan definirse por comparación con los demás, porque su plataforma emocional es de mucha inseguridad, de baja estima, y buscan admiración por contraste. Ponen lo malo en el otro como una manera indirecta de decir: «Yo soy el bueno.»

Las personas que buscan ser admiradas compiten con los demás para sobresalir. A veces llegan a hacerlo de una manera infantil: dicen tonterías, se mueven de un lado a otro, llaman la atención cuando hay que prestar atención. Supongamos que tenemos una banda de músicos con tres cantantes. Uno de ellos, para sobresalir del resto, canta más fuerte que los demás. Entonces los demás también empiezan a cantar más fuerte para que su voz se oiga. ¿Qué sucede? Se produce un *show* de ridiculez. La gente percibirá cómo estos músicos compiten. Si comparamos esto con el ejemplo de los tres grandes tenores (Pavarotti, Domingo y Carreras), vemos que trascendieron juntos porque no había competencia entre ellos. Y cuando no hay competencia, se produce sinergia y multiplicación de la fuerza del equipo.

B = Desapego

Una persona desapegada no establece lazos con otras personas. Hipertrofia su autonomía y la refuerza diciendo: «No necesito nada ni a nadie. Todo me importa muy poco.» O: «Yo solo vivo el ahora», porque evitan el compromiso que implica el mañana.

Las personas desapegadas guardan una distancia afectiva, son inmunes a los sentimientos. Por miedo de ser lastimadas, «pegan» primero, es decir, antes de que sus sentimientos sean lastimados prefieren negarlos y actuar como si no los tuvieran.

B = Dolor y castigo

Muchas personas buscan el dolor y se castigan a sí mismas en su intento de sanar A.

B = Manipulación

Hay gente manipuladora, mentirosa, que engaña, envuelve, se aprovecha de las personas. ¿Por qué lo hacen? Porque tienen una estima tan baja que necesitan manipular para sentirse inteligentes. La verdad es que en lo profundo de su ser tienen una carencia. Entonces recurren a B (manipulación) para sanar A (su carencia).

Por mucho que intentemos satisfacer A con B, C, J o M, A jamás se satisfará con ninguna de esas opciones, porque A únicamente se sana con A.

Por eso necesitamos ser sinceros para identificar si nos falta A, porque si nos falta A, tenemos que conseguir A, ¡no sirve que sea B!

PREGUNTAS

- **¿Por qué hay hombres a los que les gustan todas las mujeres?**
  Hay hombres que se sienten impotentes en algún área de su vida y esto los lleva a tener la necesidad de sentirse omnipotentes. Es lo que ocurre con aquellos a los que les gustan todas las mujeres y aseguran que ellos «pueden con todas». Pero no es que les gusten las mujeres, sino que están tratando de llenar A, una carencia de estima, buscando ser admirados por su potencia sexual. Los hombres que fantasean con to-

das las mujeres, o las mujeres que fantasean con todos los hombres, lo hacen porque así se sienten omnipotentes, cuando en realidad es que hay algo de A que les falta y se sienten impotentes.

- **¿Por qué hay personas que viven una doble vida y tienen una doble moral?**
Muchas personas buscan seducir sexualmente aunque tengan pareja. Porque no tienen «malestar», o si lo tienen, lo racionalizan. Por ejemplo: un hombre que tiene esposa e hijos, y por otro lado tiene una amante, se justifica diciendo «es solo sexo», «me lo merezco», «a ella le gusta». Esto hace que los dos ámbitos no se conecten entre sí. Entonces, la persona cauteriza su conciencia y vive en un ámbito de una manera, para luego pasar al otro y vivir de otra manera. Una conciencia sana es «un puente» entre todas nuestras áreas que nos hace buscar coherencia y valores en las mismas.

Nudo Mental 3

ME AFECTA LO QUE LA GENTE DICE DE MÍ

Idea liberadora:
Convertir la crítica en avance

El violinista interpreta una pieza. Cuando termina, en la sala todos aplauden, pero en uno de los palcos hay cuatro personas que no aplauden.
¿Qué puede hacer el violinista? Tres cosas:
a. Mirar a los que aplauden e ignorar a los que no aplauden.
b. Mirar a los que no aplauden e ignorar a los que aplauden.
c. Disfrutar de los que aplauden y «de reojo» mirar a los que no aplauden y tomarlos como una motivación para seguir creciendo.

Todos buscamos la mirada de los demás porque esta nos gratifica, nos brinda reconocimiento. A todos nos gusta ser aplaudidos. Todos necesitamos de un grupo, de la «mirada del otro»; aceptar esto es liberador. Si eres de los que dicen: «A mí no me gusta que me aplaudan y reconozcan», será porque lo ves como algo negativo. Acéptalo, porque no es algo malo.

El violinista puede utilizar la «no mirada» para crecer. Transforma el «no aplauso» en un estímulo para progresar, transforma esa «no mirada» en esfuerzo para llegar a la meta.

Todo lo que te pasa en la vida es entrenamiento, porque tu promoción está en camino. Cuando te critiquen, evalúa si lo que dicen es verdad o mentira. Si es verdad, escucha, porque eso te ayudará a crecer. Si es mentira, ¡no le prestes atención! Y si te descalifican por algo que no sabes hacer, simplemente responde: «No es un área que hasta ahora me haya despertado interés, por eso no he aprendido, pero podría hacerlo, enséñame.»

Henry Kissinger, en su libro White House Years,* *relata la historia de un catedrático de universidad que asignó una tarea a sus alumnos. Estos entregaron sus trabajos y tiempo después les fueron devueltos. Un alumno buscó en sus páginas la calificación, pero la única observación escrita que encontró fue: «¿Es esto lo mejor que usted puede hacer?» El alumno pensó en la pregunta, buscó la manera de mejorar su tarea, y se la dio al profesor. Pocos días después volvió otra vez con el mismo comentario: «¿Es esto lo mejor que usted*

* Kissinger, H. A, *White House Years*. Little Brown & Co., Boston, Massachusetts, 1979. [*Mis memorias*, Cosmos, Madrid, 1979.]

puede hacer?» Él sabía que estaba mejor que la prime-
ra, pero podía añadir algunas citas más, y hasta podía
hacerla un poco más extensa. Volvió a escribirla y la
entregó. Cuando el profesor se la devolvió, el comen-
tario seguía siendo el mismo: «¿Es esto lo mejor que
usted puede hacer?» Diez veces más la tarea fue y vol-
vió con idéntico comentario. Finalmente, el alumno,
irritado, fue hacia el escritorio del profesor y le dijo se-
veramente: «¡Sí, esto es lo mejor que puedo hacer!»
Entonces, el catedrático respondió: «¡Bien! Ahora sí la
voy a leer.»

Aprender de todo, de todos
y todo el tiempo

Se le pidió a Duke Ellington, el músico de jazz y director de banda, que diera una definición de ritmo. «Si lo
tienes, no necesitas ninguna definición. Y si no lo tienes, no
hay ninguna definición que pueda ayudar», respondió.
Cuando un músico aprende bien las escalas, entonces puede
olvidarlas para improvisar. Tienes que trabajar para ti, para
superarte cada día. No puedes cambiar adónde fuiste, pero
sí puedes cambiar adónde vas.

Uno de los instructores de vuelo de Phil McGraw era
un hombre que vociferaba insultos. En el examen final,
este hombre lo obligó a llevar a cabo un aterrizaje de
emergencia. Temblando, McGraw logró aterrizar. «No
salvé mi vida en el aterrizaje, sino en mis horas de entre-
namiento», afirmó.

Vivir la vida es como escribir en un bloc de notas. Una vez que terminamos de escribir, releemos el texto y lo corregimos, marcamos los errores. Pero tiempo después, cuando lo volvemos a leer, encontramos más errores. Y si después de unos días lo leemos una vez más, encontraremos nuevos errores. ¡Cuantas más veces lo leamos más errores encontraremos! Así nos pasa cuando corregimos nuestros errores, volvemos a reflexionar y decimos: «¿Cómo es posible, si ya había corregido esto?» El proceso de aprendizaje nunca es lineal, en la vida siempre tenemos que repasar permanentemente para corregir errores.

La raqueta tiene un «punto dulce» en el centro. Es la zona de la superficie del cordaje que da más potencia. Tu «punto dulce» en la vida es que tus esfuerzos tengan un máximo impacto.

Si te esfuerzas por alcanzar tu sueño, no escuches a los que dicen que no lo vas a lograr. Hay personas que lograron lo que otros dijeron que era imposible. Desarrolla una capacidad infinita para pasar por alto lo que otros creen que no se puede hacer.

La mejora de uno mismo lleva tiempo, toda la vida, y requiere que trabajes las veinticuatro horas del día todos los días del año. Cuando alguien te dice «Esto te llevará solo un minuto», no le creas, ¡no hay nada que tarde un minuto!, crecer tampoco.

Los hombres que construyen el futuro son los que saben que las cosas más grandes todavía no han sucedido y que ellos mismos harán que sucedan.

PREGUNTAS

- **Estoy estancado, siento que he tocado techo, ¿qué hago?**
  Todos alguna vez hemos llegado a tocar techo, y es en ese momento cuando nos desmotivamos, porque tenemos la sensación de que llegamos al final de nuestra carrera. En estos casos, es imprescindible que dejemos de lado las excusas, volvamos a tomar el control de nuestra vida y empecemos a automotivarnos corriendo los límites, planteándonos nuevas metas que nos impulsen a ir por más. Cada vez que sentimos que hemos tocado techo es porque estamos listos para pasar a un nuevo nivel.

- **¿Qué puedo hacer para mejorar más?**
  Busca algo nuevo y trata de mejorarlo. ¡Los emprendedores siempre van un paso más allá! Por ejemplo, un fanático y un entrenador ven diez vídeos de partidos de fútbol, pero mientras el fanático se entretiene, el entrenador toma notas, piensa y crea; para él los vídeos son un disparador para crear.

NUDO MENTAL 4

TE NECESITO, ¡DIME QUÉ HAGO!

Idea liberadora:
Hay dos voces, la importante es la interior

Existen dos voces, la exterior y la interior. Si, por ejemplo, me dicen «tonto» (voz exterior) y esa voz coincide con mi voz interior, es decir, yo también me digo a mí mismo «tonto», entonces ese adjetivo me dolerá. Pero aunque la voz exterior me diga «tonto», si no coincide con mi voz interior (yo me digo que soy inteligente), entonces no hay dolor. Cuando las voces no coinciden no hay dolor. No podemos manejar las voces exteriores, pero sí las interiores.

En las charlas suelo pedir a los asistentes que dibujen en su mente un extraterrestre. Luego, les pido que levanten la mano quienes lo hicieron con manos, pies y ojos, y así todos van levantando las manos. Al final pregunto: «¿Cuántos han visto un extraterrestre?», y entonces todos ríen. La gente habla...

En un día muy caluroso, en una ciudad al sur de Italia, un padre y su hijo emprenden un viaje con su asno para visitar a unos parientes que viven en una ciudad lejos de su comarca.

El padre va montado sobre el asno y el hijo camina a su lado; los tres pasan por delante de un grupo de personas y el padre escucha que dicen: «Mirad eso, ¡qué padre tan cruel! Va sobre el asno y su hijito debe andar a pie en un día tan caluroso.» Entonces el padre baja del asno, hace subir al hijo y continúan así.

Pasan frente a otro grupo de personas y el padre escucha que dicen: «Pero mirad: el pobre viejo camina, en un día tan caluroso, y el joven va muy cómodo sobre el asno. ¡Qué clase de educación es esta!» El padre, entonces, piensa que lo mejor es que los dos vayan sobre el asno, y así continúan.

Un poco después pasan frente a otro grupo de personas y el padre escucha: «¡Observad qué crueldad! Esos dos no tienen ni un poco de misericordia con ese pobre animal, le hacen cargar tanto peso en un día tan caluroso.» Entonces el padre se baja del asno, hace bajar también a su hijo y continúan caminando junto al asno.

*Pasan frente a otro grupo de personas, que dicen: «¡Qué imbéciles esos dos! En un día tan caluroso, ¡caminan a pesar de que tienen un asno sobre el cual montar!»**

* Historia citada por Nardone, G., *Psicosoluciones*, Herder, Barcelona, 2002.

Cuando tienen dudas sobre qué hacer, muchas personas piden opinión a sus amigos, conocidos o familiares, pero pedir opinión no sirve, ya que la opinión está basada en la ignorancia. Busca experiencia, no opinión, es decir, pide consejo a alguien que sepa, alguien que ya haya pasado por la situación que estás atravesando y la haya superado con éxito.

Un hombre abrió una tienda de venta de pescado y colocó un gran cartel: «Aquí se vende pescado fresco.» Lo visitó un primer amigo y le dijo: «¿Para qué pones "aquí" si es obvio que es aquí?» Y la palabra fue borrada. El segundo amigo le dijo: «¿Fresco? ¿Para qué aclararlo, si nadie vende pescado podrido?», y desapareció la segunda palabra. El tercero agregó: «¿Para qué "se vende"?, ¡nadie regala el pescado!», y desaparecieron las dos palabras. En el cartel solo quedó: «Pescado.» El último amigo concluyó: «¿Para qué poner "pescado" si su inconfundible olor delata desde lejos la tienda?» Y no quedó nada.*

¿Apegados o pegoteados?

Imagina un pájaro hermoso que por causas ajenas a sí mismo ha permanecido encerrado en una jaula durante muchos años. Un día la puerta de la jaula queda abierta. ¡Ahora el pájaro puede volar! Sin embargo, a pesar de que todavía tiene sus alas, aunque las circunstancias han cambiado radicalmente, el pájaro no hace ademán de marcharse. ¿Por qué? Porque cree que todavía está atrapado.

* *http://diariopublicodebeto.blogspot.com.ar/2013/06/y-el-cuento-reza-asi-un-hombre-abrio-un.htm*

Hay personas que no logran establecer lazos afectivos sanos, se apegan de una manera dañina a su pareja, a un amigo, a su jefe, y así pierden su autonomía. Por ejemplo, si tuvieras que rendir cuentas ante un jefe, un apego saludable te permitiría mirarlo de igual a igual, reconociendo que él es el jefe, y explicarle. Si tu jefe siempre te marca lo que haces mal, podrías pasarle la pelota, adelantarte y preguntarle: «¿Qué necesita que haga?», y replantear la relación en términos más amigables.

Un síntoma claro de que hay dependencia es la ansiedad que sienten las personas en sus relaciones con otros. Veamos cómo se genera esa ansiedad.

a. Por ausencia.

La ansiedad de la separación es una dependencia emocional que nos hace creer que sin el otro no podremos vivir. Quienes sufren este trastorno son personas apegadas que están constantemente preocupadas por perder el objeto de su apego.

Por ejemplo, si se les pide que hagan algo solas, estas personas se dicen que no pueden. Ante la soledad se angustian y dicen cosas como: «No te vayas», «No me dejes». Estas personas no confían en sí mismas, son como niños que le preguntan a su madre: «¿Qué me pongo?», «¿Puedo ver la tele?», es decir, necesitan permisos para moverse, requieren autorización.

b. Por presencia.

Un ejemplo de esta situación es la persona que se siente observada, exigida, cuando el jefe entra en la oficina. Esto ocurre porque le ha dado al jefe un poder de punición («¡Me mata!») que no tiene y se ha puesto a sí misma en un lugar de vulnerabilidad, que tampoco tiene. Es decir, pone al jefe como una mirada castigadora y a sí misma en un lugar infantil, no ve la posibilidad de discutir con otro adulto. Este tipo de personas suele indagar: «¿Estás bien?», «¿Estás enojado?», «¿Te pasa algo?», pero eso no es preocupación afectiva sino ansiedad. Las personas a las que la presencia de otros les genera ansiedad ponen al otro en un lugar de controlador, su presencia les asusta, se ponen ansiosas como si estuvieran en falta, y encuentran alivio cuando están solas. También es habitual escucharlas dar un informe de todo lo que hacen a modo de explicación, y esto ocurre porque ponen al otro en el lugar de ogro y temen su castigo.

La autonomía da libertad

La autonomía se desarrolla a partir de perder el miedo, ya que el miedo condiciona las conductas. Esto no significa que debas ser osado, sino que corras riesgos inteligentes. Por ejemplo, hay personas que no se matriculan en la universidad por miedo a que «no les dé la cabeza», por temor al fracaso. Estas personas están focalizadas en la pérdida y no en sí mismas, en el esfuerzo y las ganas que pueden poner para alcanzar el éxito.

Tienes que dejar de poner los límites en el otro. No digas: «No hago esto porque a mi padre o a mi pareja no les gusta.» ¡Nunca la explicación de lo que nos pasa empieza por el otro! Si bien es cierto que el otro nos condiciona, la explicación no es *porque el otro* sino *porque yo*: «Yo no me enfrento a esto porque creo que a mi padre no le gusta.» ¡Soy *yo*, no mi padre! En todo caso, me sentaré a hablar con él y nos pondremos de acuerdo, o no.

Párate en la responsabilidad. Pregúntate: «¿Qué es lo que sí puedo hacer?» y hazlo. Algunas cosas te saldrán bien y otras no, pero lo importante es que te habrás puesto a ti mismo como el primer punto de responsabilidad. Es importante que entendamos que cada uno de nosotros hace algo para que lo que nos pase sea bueno o malo.

Aspira a lo mejor, pero toma precauciones por si las cosas no salen como las has planeado. Visualiza un escenario positivo, pero considera las cuestiones de riesgo para minimizar los daños. Por ejemplo, un trapecista se entrena, sabe que es bueno, y sin embargo siempre pone una red debajo porque también sabe que puede fallar. Que ponga la red no significa que no lo haga lo mejor posible, él lo hará como si la red no estuviera, pero entendiendo que debe tener cuidado.

¿Para qué nos sirve considerar los riesgos y tomar precauciones?

a. Nos brinda tranquilidad por si fallamos.

b. Permite que nos concentremos en hacer las cosas bien. Como las precauciones ya están tomadas, ahora podemos concentrarnos en hacer lo mejor posible lo que nos hemos propuesto.

Decálogo de libertad:

1. *No tengo que hacerme responsable por las decisiones de ningún adulto.*
2. *No veré a nadie más como víctima, sino como imágenes de Dios.*
3. *Ayudo a la gente, pero no soy responsable de la gente.*
4. *Mi felicidad depende de mí.*
5. *Yo decido mis reacciones, yo decido mis pensamien-*

tos y emociones. Nadie puede forzarme a decir lo
que no quiero; tengo el control de mi vida.

6. *Yo elijo a quién me acerco y de quién me alejo. Soy
libre para acercarme a quienes me añaden valor.*

7. *Nadie puede hacerme sentir inferior sin mi consenti-
miento.*

8. *No necesito agradar a nadie.*

9. *Tengo derecho a equivocarme, cambiar de opinión y
crecer.*

10. *Mi fuente no son los otros, es Dios.*

PREGUNTAS

- **¿Qué le pasa a un adolescente que de niño no recibió una mirada de seguridad de parte de sus padres?**

  Si un niño crece con la mirada de seguridad de sus padres, cuando llega a la adolescencia y descubre la mirada de la gente, esa mirada le va a servir para ubicarse,
no para buscar aprobación, porque ya fue aprobado
por sus padres. En otras palabras, a ese adolescente le
va a importar lo que la gente piense de él, pero no para
agradar o ser aprobado, sino como referencia para ubicarse. Un adolescente que ha crecido sin la mirada de
seguridad de sus padres estará atado a la mirada social,
es decir, buscará la aprobación que no recibió de sus
padres en la mirada de la gente. Entonces, la mirada de
los demás no le servirá para ubicarse, sino para buscar
la aprobación de ellos, y por eso buscará agradar a todos, y cuando los demás le digan algo negativo, sentirá mucho miedo. Un niño que crece con seguridad
será un adolescente que sabrá qué hacer y qué no ha-

cer, porque tendrá una seguridad interior, pero un niño que crece con inseguridad será una persona insegura, vergonzosa, inhibida, cohibida, con miedos, que no va a saber qué hacer ni qué amistades elegir, es decir, una persona que no sabrá vivir con independencia.

- **Me cuesta decir «no» a los demás por miedo al rechazo. ¿Por qué no puedo decidir con libertad?**
Decir «sí» cuando en realidad queremos decir «no» puede conducir a la tensión, el resentimiento y la ira. Muchas personas tienen problemas para decir «no» porque tienen una serie de inútiles creencias acerca de decir «no», de poner límites.

Nudo Mental 5

VIVO ABURRIDO

Idea liberadora:
Mejorar lo que estoy haciendo cambia la atmósfera

Supongamos que le regalamos a nuestro hijo un juguete que tiene un mando con dos teclas. El niño imagina que el juego consiste en el control de una nave espacial. Toca la tecla A, toca la tecla B, y disfruta. Al día siguiente juega a que es un tractor, otra vez toca las teclas y se divierte.

Al tercer día agarra el juguete, inventa que es un submarino y vuelve a tocar las teclas. Al cuarto día ya no agarra el juguete. ¿Por qué? Porque ya no puede mejorar el juego. Eso es el aburrimiento.

Una mujer acudió a la consulta de su médico:
—Doctor, hablo conmigo misma. ¿Eso es normal?
—No se preocupe, señora, muchas personas hablan

consigo mismas —respondió el médico en tono tranquilizador.

—Sí, doctor, pero es que mi otro yo es tan aburrido que ya no lo aguanto...

Podríamos definir «aburrimiento» como desgana, abatimiento, apatía, tedio, fastidio, hastío, cansancio. El aburrimiento es una emoción que aparece cuando nos quedamos atascados demasiado tiempo en lo mismo y no modificamos esa situación. Aburrirnos es una señal de que no estamos mejorando.

La capacidad de inventar, de mejorar, es lo que nos saca del aburrimiento. En cualquier ámbito de la vida, inventar algo nuevo es lo que nos mantiene felices. ¿Te imaginas qué aburrido sería que en todos los restaurantes siempre hubiera una misma carta con los mismos platos? Para salir del aburrimiento hay que seguir mejorando. En el caso de una pareja, por ejemplo, la relación crece o decrece. Cuando no hay discusiones que lleven a una mejora, aparece el aburrimiento.

Crear y mejorar es algo natural en los seres humanos.
Lo tenemos en nuestro ADN.

¡Mi vida es tan aburrida!

El doctor Martin Doehlemann distingue entre «aburrimiento situacional» y «aburrimiento existencial». El aburrimiento existencial es un estilo de vida, una manera de vivir. Tenemos que diseñar valores, determinar qué persona queremos ser y luego ver qué sueños nos ayudan a lograrlo. De esta manera, las cosas que hagamos tendrán significado.

El aburrimiento es una luz verde que dice que hay que moverse a lo nuevo, salir de la mediocridad. El mediocre dice: «Bueno, lo hago sin esforzarme mucho...», y como no lo disfruta, se lo quiere sacar rápido de encima. Ser mediocre es una actitud. Si quieres que tu vida deje de ser aburrida, busca algo nuevo y trata de mejorarlo. ¡Los emprendedores siempre van un paso más allá!

Crear es imaginar escenarios nuevos. Cuando no creamos, nos aburrimos.

La rutina, ¿amiga de la creatividad?

La rutina es necesaria porque nos permite usar el cerebro para cosas creativas. Por ejemplo, mientras un hombre se afeita puede pensar en su jefe, en cómo solucionar un problema en el trabajo, en cuándo le conviene llevar el coche al taller, etc. Es decir, mientras ejecutamos una acción rutinaria podemos usar la energía para otras cosas.

La primera vez que hacemos algo prestamos mucha atención a esa actividad, pero cuando la acción se vuelve rutinaria nos sobra energía para aplicar a la creatividad. Por ejemplo, mientras aprendemos a ir en bicicleta le prestamos atención al camino, pero una vez que aprendimos, disfrutamos del paseo.

La rutina nos da un espacio mental para disfrutar y nos permite usar la energía para el proceso creativo.

Algunas personas dicen: «Tengo ideas creativas, pero luego no pasa nada.»

¿Por qué les sucede esto? Porque las ideas por sí mismas

no hacen nada. La fórmula para que las cosas sucedan es IDEAS + VOLUNTAD. La voluntad tiene que ver con la autodeterminación. Mientras no uses tu voluntad no sucederá nada.

> *El conferenciante advirtió que un oyente se había quedado dormido en plena conferencia y dijo:*
> *—Ese hombre en la segunda fila está dormido. ¡Despiértenlo!*
> *Pero otro oyente le respondió:*
> *—Usted lo hizo dormir, ¡despiértelo usted!**

¡Prestemos atención a las actitudes que generan aburrimiento! Evitemos:

- Hablar mucho.
- Ser repetitivos.
- Hablar en negativo.
- Hablar sin variar el tono de voz (monótono).

Seamos curiosos

Cuando estamos aburridos, estamos más distraídos y cometemos más errores. El aburrimiento es una de las causas por las que muchas personas incursionan en el alcohol y las drogas, porque necesitan experimentar una emoción fuerte que los haga «despertar».

Un error común es pensar que distrayéndonos con algo, «dándonos un gustito», vamos a salir del aburrimiento. Es

---

* Chiste adaptado de *http://mis-chistes.euroresidentes.com/2012/ 07/ chistes-cortos* probable que momentáneamente nos mantengamos entretenidos, pero después nos volvemos a aburrir, porque lo único que nos saca del aburrimiento es la *curiosidad*. La persona curiosa jamás estará aburrida.

La curiosidad es el deseo de saber, de averiguar, de conocer, de explorar, y no es patrimonio exclusivo de los seres humanos. Los homínidos como el chimpancé también disfrutan de investigar, explorar los objetos.

Entre los extremos de la curiosidad total y la cautela o temor total se encuentra un estado de equilibrio, un punto medio de curiosidad por lo nuevo que nos impulsa a averiguar más respecto de algo. ¿Qué motivó a Cristóbal Colón a desear navegar mar adentro? La curiosidad por averiguar qué había más allá de la costa.

Las ideas de oro son como el uranio. Tienen un potencial que, bien usado, puede ser una bomba atómica que genere cambios, abra puertas y lo transforme todo.

Albert Einstein decía: «Yo no tengo ningún talento especial, solo soy curioso.»

Las personas curiosas:

- Tienen menos riesgos de padecer enfermedades cardiovasculares y neurológicas.
- Tienen más energía.
- Son más inteligentes.
- Son más atractivas.
- Son más felices.
- Son más sociables y extrovertidas.

Todos nacemos curiosos. Los niños son divertidos por naturaleza, son curiosos, tienen ganas de aprender, están ávidos de saber, preguntan insistentemente «¿por qué?», «¿para qué?», «¿de qué?», «¿cuándo?», «¿cómo?», etc., y lo hacen porque están explorando, están conociendo el mundo. Sin embargo, a medida que crecemos vamos perdiendo la curiosidad. ¿Por qué? Porque pensamos que ya tenemos acabado nuestro mundo y no queda nada por descubrir. Construimos un paradigma, una manera de pensar cómo es el mundo, y abrazamos esa estructura mental sin cuestionamientos. Así, cada uno de nosotros ve la realidad según su paradigma. Lo que aprendimos lo incorporamos y ya no tenemos más curiosidad. Ahora, la curiosidad aparece cuando de pronto vemos algo que no encaja, que cuestiona nuestro paradigma mental y nos llama la atención, porque no lo teníamos incorporado.

Todos tenemos paradigmas, y lo cierto es que necesitamos tenerlos, porque los paradigmas nos brindan seguridad. El problema es cuando no podemos romperlos y quedamos atrapados en ellos.

Cuando nada nos produce curiosidad, cuando ese paradigma, esas ideas que tenemos de lo que se puede y lo que no se puede, de cómo son y cómo no son las cosas, cuando ese modelo mental se cierra, nuestro mundo se convierte en nuestra cárcel.

¿Por qué una persona no puede romper sus paradigmas?
Veamos:

- **Es rígida, se resiste al cambio.**
  Por ejemplo, hay médicos que se resisten a los cambios, que no aceptan emplear una nueva medicación para el tratamiento de una enfermedad. Dicen: «Si las enfermedades son las mismas que hace años y siempre

se curaron con este medicamento, ¿para qué usar otro?» Solo cuando se les plantea un desafío pueden dejar de lado su paradigma. Otro ejemplo son aquellas personas que dicen: «Soy pobre», y explican que esa situación no puede cambiar porque nacieron pobres, sus padres fueron pobres, etc. Dan excusas y explicaciones para asegurar que su situación de pobreza no puede cambiar.

- **Tiene una estructura a la que se ha acomodado.**
  Una persona que no puede romper sus paradigmas tiene un mundo que creó con lo que sabe y con lo que no sabe, con lo que le gusta y con lo que no le gusta, con rutinas y pensamientos que no varían porque ya se acomodó a ellos, porque ya construyó una zona de confort conocida de la que no quiere salir. La creatividad es una forma de percibir el mundo. El hombre común se deprime, el creativo lo ve de otra manera. Por eso, los principiantes en un tema son los más creativos, porque no están sujetos a las leyes de los expertos. El cerebro trabaja todo el día. Así como el corazón late todo el tiempo, el cerebro nunca deja de pensar, la cuestión está en ver cómo lo usamos.

La curiosidad, ese deseo de aprender, es la madre del aprendizaje: cuanta más curiosidad hay, más aprendemos. La curiosidad se retroalimenta, genera nuevas ideas. Gánale al aburrimiento: ¡toma nota de las ideas que se te ocurren y pasa a la acción!

PREGUNTAS

- **¿Cómo puedo desarrollar la diversión?**
  Es sencillo: si quieres desarrollar la diversión, ¡juega!
  Jugar es el trabajo de los niños. El juego desarrolla la
  imaginación y la creatividad, y mejora las conexiones
  neuronales. No a todos nos divierte lo mismo. Tienes
  que conectar con lo que a ti te divierte, no con lo que
  socialmente se dice que es divertido. El famoso tenista
  Gastón Gaudio dijo una vez: «¡Qué mal lo estoy pasando!», porque no se podía divertir. Ten presente que
  puedes perder pasándolo bien.

- **¿Qué le sucede al mediocre?**
  Ser mediocre es una actitud. El mediocre dice: «Bueno, lo hago sin esforzarme mucho...» Como no disfruta de lo que hace, se lo quiere sacar rápido de encima.

Nudo Mental 6

NO MONOPOLIZAR

Idea liberadora:
Cuanto más distribuyo, más felicidad

---

*La escoliosis es una desviación de la columna vertebral
generalmente en forma de S. Si la columna comienza a
sufrir un desvío en su parte superior, la parte inferior se
desviará para compensar ese desvío. Así sucede también a
nivel psicológico. Cuando solo expresamos un área o
hacemos estereotipadamente siempre «lo mismo», lo
contrario, lo que hemos reprimido, tapado u olvidado, lo
expresará alguien de nuestra casa.*

De este modo,

- un padre superexigente y detallista tiene un hijo dis-
traído y desastroso;

- un padre supertrabajador tiene un hijo que solo piensa en salir a jugar y divertirse;
- un padre supermacho, fuerte e inexpresivo, tiene un hijo emocional y delicado;
- un padre que nunca se enoja y es «todo paz y amor», tiene un hijo agresivo y que se enoja con facilidad; y así podríamos seguir enumerando ejemplos.

Muchas veces esto sucede porque el hijo expresa lo que el padre no expresa. Es como si le enviara este mensaje inconveniente: «Querido papá, lo que tú reprimes, escondes y no expresas, porque no quieres, no puedes o no sabes, lo voy a expresar yo. Tu "extremo" hace que yo te muestre el "otro extremo".»

Vivir en un extremo rígido manda el mensaje de que esto es «lo único», y eso hace que a veces los hijos escojan todo lo contrario. Es su manera de decir: «Papá, mamá, no puedo vivir en ese extremo único en el cual eres perfecto(a), no puedo entrar en tu mundo, así que voy a irme al otro extremo y crearé mi mundo.»

La vida es un contraste, tenemos razón y emoción, trabajo y descanso, valor y miedo, alegría y tristeza, paz y enojo, y cuando podemos expresar ambos, vivimos en equilibrio.

El equilibrio tiene que ser:

1. Emocional.
Tenemos que poder expresar todas las emociones y no siempre la misma. Hay gente que solo se enoja, solo tiene miedo, solo desconfía. Cuando podemos expresar todas las emociones en equilibrio, vivimos una vida más plena. Está bien sentir tristeza (cuando pierdo algo), ansiedad (frente a una urgencia o presión),

miedo (frente a una amenaza), ira (frente a un obstáculo), alegría (frente a una buena noticia). La idea es poder expresar todas estas diferentes emociones y no anclar en ninguna. Si manifestamos una sola emoción, probablemente enfermemos, y por el contrario, sanamos cuando podemos expresarlas todas en equilibrio.

2. En los logros.
Lo que no logramos, tenemos que saldarlo psicológicamente con lo que sí logramos. Tal vez no lograste a, b y c, pero sí lograste f, g y h. Entonces lo que no lograste queda simbólicamente saldado. Disfrutar lo que sí lograste te hace tener fuerzas para ir por lo que no lograste.

3. Entre yo y los otros.
Si solo me amo yo, hay «egoísmo». Si solo amo a los demás, hay «anomia afectiva» y me vuelvo un resentido emocional. Si me amo a mí y a los otros, vivo una vida plena.

No hay una felicidad verdadera si solo me amo yo
o si solo amo a los demás.
El amor siempre tiene dos caras: yo y los otros.

4. Entre exigencias y descansos.
Si solo descansamos, hay «vagancia», y si solo nos exigimos, hay «perfeccionismo». Es necesario distribuir nuestras exigencias y nuestros descansos de manera equilibrada.

5. Entre atención y distracción.
Administrar la atención es la clave del éxito. Tenemos

que aprender a liberar nuestra mente y crear tres espacios fundamentales:

Un espacio para no pensar en nada. Hay momentos en los que necesitamos «colgarnos en la nada», no hacer nada, no planear nada, porque eso relaja. ¡La gente que vive estresada no sabe cómo no hacer nada!

Un espacio para la distracción creativa. La distracción creativa es pensar en paz, ensayar escenarios y estrategias con tranquilidad, de manera relajada, tal vez sentados en un sofá, caminando o mientras tomamos una ducha. Las ideas más extraordinarias surgen en esos momentos de distracción creativa.

El premio Nobel de Fisiología Bernardo Houssay contó que todas las tardes iba a su oficina, se sentaba en su sillón y semidormido, tranquilo, se ponía a pensar, y era en esos momentos de relajación cuando se le ocurrían las ideas para sus próximas investigaciones. Por su parte, la madre de Bill Gates relató que un día, siendo Bill todavía un niño muy pequeño, ella entró en la habitación de su hijo y al verlo recostado, quieto, le preguntó qué estaba haciendo. Bill respondió: «Solo estoy pensando.»

> *«Si la riqueza se lograra solo con trabajo duro,*
> *todos los obreros serían ricos.»*
> Aristóteles Onassis

Todos necesitamos tener un momento del día para «colgarnos» y no pensar en nada, un momento a solas en el que podamos pensar tranquilos para que nos vengan ideas creativas, y un momento de atención plena.

Un espacio para la plena concentración. Hay momentos en los que tenemos que enfocarnos, poner toda nuestra atención. Muchas veces no ponemos toda nuestra atención en determinadas circunstancias en las que es preciso que estemos enfocados. Por ejemplo, cuando estamos pasando tiempo con nuestros hijos. Eso es un gran problema, porque esos minutos que pasamos con ellos son los que solidifican el vínculo. Lo mismo ocurre en las parejas: ella quiere hablar y él pretende conversar mientras lee el diario. Tenemos que aprender a elegir a qué cosas les damos atención plena y a cuáles no.

¡No monopolizar!

Imaginemos que colocamos dos docenas de huevos en un cesto y que por algún motivo el cesto se nos cae. ¡Todos los huevos terminarían rotos! Si hubiéramos colocado los huevos en varios cestos, no se hubieran roto todos, sino solo algunos. Monopolizar es concentrar en un solo «mercado» determinado bien o servicio. El monopolista es quien controla dicho producto. Si ponemos *todo* nuestro amor en la pareja, los hijos, los nietos, los amigos o el trabajo, sufriremos un desequilibrio, porque estaremos monopolizando. Dicho en términos populares, «¡no tenemos que poner todos los huevos en el mismo cesto!».

«No poner todos los huevos en el mismo cesto» significa que tu vida tiene muchas áreas que debes enriquecer. Si pones *toda* tu felicidad en el trabajo, el día que lo pierdas, perderás *todo*.

Monopolizar los afectos, el amor, la paz, la felicidad,
el placer, etc., es un mal negocio.

Si, por ejemplo, todas tus expectativas están puestas en ser el mejor padre, tu vida consistirá en esforzarte y sacrificarte para lograr ese tan ansiado objetivo. Pero ¿qué sucedería si descubrieras que tu hijo empieza a drogarse? Seguramente pensarías que eres un completo fracaso y sentirías que nada te sale bien. Como tu expectativa estaba puesta solamente en ser un buen padre, terminaste descuidando otros aspectos de tu vida. No es malo buscar ser un buen padre, pero ten presente que además de ese rol tienes otros (esposo, abuelo, amigo, trabajador, líder), y muchos dones y talentos. Tienes que equilibrarlos. Si solo te concentras en un logro no puedes ver el éxito que tienes en otras áreas, y tampoco puedes valorarlo o disfrutarlo. Tal vez te está yendo bien en otros ámbitos, pero como tu obsesión es lograr ese único objetivo, te sientes un fracaso total. Por otra parte, si solo te centras en las áreas en que te va bien, nunca vas a mejorar aquellas en que te va mal.

Hay personas que monopolizan su satisfacción, ponen toda su excitación en una única área, porque hay áreas que no disfrutan. Cuando no obtienen placer en esas relaciones, la mente concentra todo el placer en un área. Si, por ejemplo, es la sexual, viven hiperexcitados en el mundo del placer. Pero su conducta solo deja a la vista que de esa manera tratan de tapar una carencia de estima o de intimidad.

En la vida es necesario que seamos equilibrados, que sepamos contrapesar.

Un hombre buscaba la mujer perfecta. Una vez vio a una que tenía la cara perfecta, pero el cuerpo era desagradable; otro día encontró una con el cuerpo perfecto, pero la cara era horrible; tiempo después dio con una que tenía la cara perfecta y el cuerpo perfecto, pero el carácter era insoportable; otro día descubrió una con un carácter *hermoso, pero la cara fea y el cuerpo horrible. Sin embargo, cuenta la historia que un día este hombre encontró una joven que tenía la cara bonita, el cuerpo bello y el corazón perfecto, y la abrazó y le dijo: «¡Ahora sí seré feliz!» Ella lo miró y se fue, porque él no era perfecto.**

PREGUNTAS

- **Pienso en una idea negativa todo el día, ¿qué puedo hacer para dejar de pensar así?**
  No se trata de dejar de pensar, porque pensando encontramos las soluciones a los problemas, sino de sacarles a nuestras ideas su tono afectivo, positivo o negativo, y hacerlas neutras; es decir, tenemos que verlas como un «dato», pensarlas racionalmente, desconectarlas de lo afectivo.

- **¿Es posible disfrutar cuando tengo problemas graves?**
  Cuando tenemos problemas graves es importante que nos demos permiso para disfrutar. Por ejemplo, para estar firme y alegre para sostener a un ser querido que está enfermo y necesita de nosotros es preciso que estemos bien. Para poder ayudar a otros es indispensable que tengamos un espacio de placer, de disfrute. Si nos prohibimos ese espacio porque alguien sufre, nosotros también estaremos mal y no podremos ayudar para que el otro esté bien.

* Historia adaptada de *http://contarcuentos.com/2010/02/la-mujer-perfecta/*

Nudo Mental 7

PERDÍ UN SER QUERIDO: EL DUELO

Idea liberadora:
El dolor es la expresión de haber amado

El amor es como una tarjeta escrita por ambas caras. En una cara pone: «Te amo, quiero que estés conmigo», y en la otra: «Tendré dolor cuando no estés.» Cuando elegimos amar, aceptamos llevar esa tarjeta; de no hacerlo, no podremos tener una relación. El dolor nos recuerda que amamos a esa persona que hoy no está y genera una relación nueva con quien partió, porque aunque ya no está «fuera», el recuerdo siempre va a estar dentro de nosotros.

El duelo es ese proceso doloroso y difícil de aprender, una nueva manera de relacionarnos; antes la persona estaba presente activamente fuera y ahora ya no. Esa ausencia del otro fuera es lo que nos causa ese dolor enorme.

Supongamos que tenemos dos opciones:

- No tener dolor nunca más en toda la vida, pero tampoco poder amar.
- Poder amar toda la vida, con el riesgo de sentir dolor.

¿Cuál elegirías? Seguramente la segunda opción. Cada vez que sintamos dolor, recordemos que duele, sí, pero que también fue el riesgo que corrimos al elegir amar. Si amo, necesariamente me «apego» y eso implica que la muerte «me separa» de esa persona amada. Lloramos porque hemos amado profundamente.

El amor le da sentido a la vida, nunca nos parecemos tanto a Dios como cuando amamos, porque Él es amor.

Las cosas más significativas son las que vienen con el dolor de la pérdida. ¡Sigue eligiendo amar a pesar de los riesgos!

Algunos mitos sobre el dolor

- **El dolor no es un problema que hay que resolver, sino una emoción a experimentar.**
  Si ves el dolor como un «problema» que alguien tiene, probablemente le aconsejes: «Tienes que distraerte, sal.» Vas a querer ayudar a aliviar el dolor diciendo cosas como «A mí me pasó», «Escucha este consejo», «Tranquilízate», «Ya lo superarás», intentando darle algo para que salga rápido del dolor. Sin embargo, el dolor no es un problema, ni algo que se tenga que arreglar. Lo que necesita una persona que acaba de

perder a un ser querido es nuestra presencia silenciosa para acompañarla y apoyarla.

- **El dolor no es una etapa a superar; el dolor se transforma y nos transforma.**
El dolor no se «supera», sino que se expresa, se gasta, se transforma, evoluciona, cambia junto con nosotros, y este proceso no tiene un tiempo, cada uno lo vive de una única manera. El dolor no es un pozo, es un túnel oscuro que hay que recorrer, y cada cual lo hace a su ritmo. El dolor es parte de nuestro tránsito en la vida y, al igual que sucede con el amor, muta a lo largo de la misma.

- **Si encuentro la respuesta a «por qué sucedió» no tendré menos dolor.**
El dolor es una pregunta que no tiene respuesta. La respuesta a «por qué» no se puede contestar.

Algunas verdades sobre el dolor

- **El dolor es un proceso de la vida frente a una pérdida.**
Negar eso sería como tratar de no sentir dolor cuando nos golpeamos un dedo o nos quemamos. ¡Es imposible! El doctor Russ Harris dice que el dolor es como una ola: al principio los sentimientos dolorosos serán como un maremoto, luego las olas se irán calmando, aunque de vez en cuando pueden venir olas grandes, intensas y frecuentes. Las olas te envolverán y te arrastrarán, pero nunca te ahogarán si en lugar de resistirlas te dejas flotar en ellas.*

* Russ Harris, *ACT. Made Simple*, New Harbinger, Oakland, 2009.

No es necesario que hagamos nada, simplemente hay que permitir que el dolor venga y experimentarlo, abrazarlo, observarlo sin cuestionarlo.

- **El dolor es universal; el sufrimiento es opcional.**
  El dolor es «lo que siento», el sufrimiento es «cómo interpreto ese dolor, qué hago con eso». Si luchamos contra el dolor o lo evitamos, este se transforma en sufrimiento. Tenemos que mirar el dolor y sentirlo, no luchar contra él ni evitarlo, sino observarlo, como un fotógrafo cuando saca una foto, y aceptarlo tal como es.
  Se calcula que todos los seres humanos vamos a tener a lo largo de la vida entre cuarenta y setenta pérdidas, pérdidas de seres queridos, pérdidas por mudanza, pérdidas de etapas de la vida, etc., y todas nos traen dolor. El dolor es universal y es normal, pero el sufrimiento es opcional.

- **El dolor es el precursor de una nueva relación.**
  El dolor hace nacer una nueva relación. La muerte pone fin a la vida, pero no puede destruir una relación, la persona amada estará siempre dentro de nosotros.
  Imaginemos que me fracturo una pierna. Cuando el hueso suelda, el médico me dice: «Tiene que caminar aunque le duela.» El dolor estará allí, pero me estará sanando.

- **El dolor te dice que estás vivo.**
  El dolor te dice que tienes un corazón grande para poner esa relación dentro de ti para siempre.

Entonces, frente al dolor:

- **Sé bueno contigo mismo.**
  No te reproches, no te critiques, no te lastimes. Es tu dolor, es único, nadie podrá entenderte totalmente, porque es tu camino. Muchas veces sucede que hay «pérdidas liberadoras», aparecen el dolor y el alivio, ya sea porque hay alivio del cuidador o porque la muerte puso un freno al maltrato. Esas son emociones que debes permitirte sentir, porque son parte del camino del duelo.

- **Observa cómo crecen las semillas que el otro dejó.**
  La semilla que la persona que partió sembró en ti. Hay una huella dentro de ti, una semilla que sigue creciendo. Esa pérdida te dejó enseñanzas, fuiste transformado. Sin dejar de sentir el dolor por la pérdida, mira también lo que queda, lo que sigue aún hoy aquí, no lo pierdas de vista.
  La semilla que quien se ha ido sembró en los demás. Fuera de nosotros también hay una huella que esa persona dejó. Busca esas redes afectivas para compartir recuerdos e historias de vivencias junto a ese ser querido que partió.

- **Tu dolor es un don para ayudar a otros.**
  Dice la doctora Nelly Wilson: «Cuando perdemos a un ser querido, Dios nos da un estetoscopio: ahora podremos oír con claridad el dolor de otros.» Podremos transformar el dolor que hemos experimentado en un don para ayudar a otros. Solo el que sufrió hambre sabe lo que eso significa, solo el que fue abandonado sabe lo que eso es. Una vez recorrido el camino del dolor, podemos decirle al otro: «Yo pasé por lo que tú

estás pasando hoy. Ánimo, estoy contigo.» Usa tu dolor del ayer como un don para bendecir a alguien hoy.*

- **Honrar y recordar con un ritual a quien partió.**
Cuando perdemos a un ser querido lo que nos queda es un recuerdo penoso por el que se fue; pero con el paso del tiempo podemos transitar el duelo rescatando buenos recuerdos. Puedes hacer un álbum de fotos, escribir una carta, preguntar a los demás, contar historias, hablar de la persona que partió. También puedes establecer un día fijo para que toda la familia se reúna para compartir juntos historias y emociones.

Cómo acompañar a los dolientes

- *Adaptarnos nosotros al doliente y no él a nosotros.* Podemos preguntarle si necesita algo y ayudar con las cosas más simples, hacerle fáciles las tareas prácticas en que podamos colaborar.
- *Los «otros» tienen un papel secundario.* Ponerse a llorar y gritar, tomar el papel protagonista es de inmaduros. El dolor pertenece por completo a quien lo está atravesando.
- *No dar explicaciones, no hablar dando consejos o frenando el dolor del otro,* solo decirle: «Te quiero, por eso estoy aquí contigo en este momento.»
- *No tomarlo de manera personal si el doliente está enojado, molesto, indiferente o silencioso.* Experimentar esas emociones es parte del proceso.

* Nelly G. Wilson y M. Carmen Luciano Soriano, *Terapia de aceptación y compromiso*, Pirámide, Madrid, 2002.

«Lo único que podemos hacer es tratar de subir más allá de la pregunta "¿Por qué sucedió?" y comenzar a hacer la pregunta "¿Qué hago ahora que ha pasado?".»
Harold Kushner

PREGUNTAS

- **¿Cómo resuelvo el dolor que siento por haber perdido a un ser querido?**

  Como dije, el dolor no es un problema que haya que resolver y tampoco es una etapa que haya que superar. El dolor es una experiencia emocional y espiritual que hay que experimentar, atravesar, gastar, es un camino que hay que transitar, una pregunta que no tiene respuesta. Cuando perdemos a un ser querido, lo que nos queda es un recuerdo penoso por el que se fue; pero cuando pasa el tiempo y seguimos abrazados al recuerdo sin querer soltarlo, entonces podemos decir que estamos frente a un duelo complicado. Cuando perdemos a un ser querido tenemos que cuidarnos de que el dolor no se nos haga sufrimiento. ¿Cuándo se hace sufrimiento el dolor? Cuando lo manejamos mal, cuando pensamos que nos lo tenemos que sacar de encima, cuando luchamos contra él, cuando nos obligamos a distraernos, a pensar en otra cosa. Tenemos que permitirnos sentir y experimentar el dolor para que no se transforme en sufrimiento.

- **Hace pocos meses perdí a mi padre. Hay días que estoy bien y hay días que no puedo parar de llorar. ¿Es normal sentirse así?**

  Es absolutamente normal. Recuerda: *el dolor es como*

una ola. La ola puede crecer y a veces parece un maremoto, pero en algún momento rompe y se desintegra; luego vendrá otra. Así es el dolor. A lo largo del tiempo, todos perdemos algún ser querido y aparecen las olas. Pueden ser muy grandes, muy pequeñas (aparecen varias seguidas), como un maremoto (aparece una detrás de la otra), espaciadas o tenues... pero el dolor es parte de la vida y tenemos que permitirnos sentirlo sin luchar contra él ni distraernos. Muchas personas que tienen dolor se emborrachan, se drogan. De esa manera, están anestesiando el dolor. Algunos se medican. Pero al dolor no hay que medicarlo, no hay que anestesiarlo, no hay que emborracharlo, hay que permitirlo, porque nos recuerda que hemos amado.

NUDO MENTAL 8

VIVO LLENO DE IRA

Idea liberadora:
Transformar el enojo en energía

Un muchacho entró en la sala de espera de un hospital.
Sacó un cigarrillo, lo encendió y se puso a fumar. Es sabido
que allí está prohibido fumar, pero esta prohibición no
detuvo al muchacho. Una médica se acercó a él y, enojada,
le gritó: «¡Váyase a fumar a otro lado! ¿Acaso no sabe que
aquí no se puede?» Ante los gritos de la doctora, el joven
solo tenía dos caminos: obedecer e irse, tragándose el
resentimiento y expresándolo después vaya saber dónde y
con quién, o redoblar la apuesta y enojarse más. Este
muchacho no obedeció resignado, por el contrario, se acercó
a la médica y le echó el humo en la cara.*

---

* *http://devocionaldiario.org/sermones/sermones-construir-puentes/*

Cuando nos movemos con enojo, ponemos al otro en la encrucijada de resolver entre un binomio, solo tiene dos reacciones posibles: «obedecer con resentimiento» o «redoblar la apuesta».

Pero cuando gritamos, también agotamos todos nuestros argumentos para solucionar el tema, nos quedamos sin recursos. ¿Por qué gritamos? Porque no tenemos recursos para manejar la situación, y entonces levantamos la voz para silenciar la reacción del otro, pero lo que logramos es limitar a la persona a las únicas dos reacciones anteriores. Gritar nunca es aconsejable.

Elige las batallas que vas a librar

Cuando alguien te provoca, está eligiendo una estrategia, te está invitando a su batalla. Si muerdes el anzuelo, si reaccionas, entonces habrás entrado en una batalla que no es la tuya. Si libras la batalla equivocada, aunque ganes, perderás. ¿Quién gana en una guerra? Nadie. ¿Quién gana en un divorcio? Nadie. Del mismo modo, si libras la batalla equivocada, siempre perderás. ¡No dejes que los demás elijan tus batallas!

Los mitos del enojo

- «Explotar me libera.»
  Falso. Cuanto más explotamos, más nos recargamos y más nos habituamos a generar nueva ira. Observemos, por ejemplo, lo que ocurre en el fútbol: los hinchas gritan, insultan, pegan. ¿Se «liberaron»? No; al contrario, se recargaron: el próximo partido estarán

aún más eufóricos. Hay personas que tienen el mito del encendido y el apagado, y creen que siempre tienen que estar en uno de estos dos estados: tranquilo o alterado, es decir, cambian su pasividad por violencia. Otras personas, que conocen sus limitaciones pero no las toleran, mediante el mal carácter alejan a la gente para que no les recuerden su falta de recursos.

- **Esconder el enojo ayuda.**
  Falso. El enojo se guarda en forma de resentimiento y sale de manera agresiva con palabras hirientes e irónicas. Cuando acumulamos resentimiento tarde o temprano explotamos. Muchas personas se tragan el enojo, lo reprimen, lo ocultan y sonríen. Son personas que hablan bajito, poco expresivas, apáticas, sin pasión. Incluso hay quienes no se dan cuenta de su enojo (esto suele sucederles mucho a las mujeres).

¿Por qué escondemos el enojo? Recurrimos a ocultar el enojo porque:

- Tenemos miedo del otro.
- No podemos ponerle límites al otro porque no podemos ponernos límites a nosotros mismos. Cuando no ponemos límites correctamente nos enojamos, y ese enojo puede ser con el otro (explotamos) o con nosotros mismos (implosionamos, nos sentimos mal).

Qué hacer con el enojo

Podemos hacer cinco cosas:

1. **Consumir el enojo con actividad física.** Podemos salir a caminar, correr, gritar, aplicar alguna técnica de respiración a fin de gastarlo, porque si bien es posible que dejemos de pelear en nuestra mente, podemos guardar el enojo en el cuerpo, lo que es malo para la salud. Recordemos que el cuerpo es la casa de las emociones.

2. **Poner el enojo en palabras.** Para resolver un problema tenemos que hablar bien: no culpes, no etiquetes, no amenaces, no diagnostiques, no prediques, no ridiculices, no humilles, no menosprecies ni des órdenes. Cuando alguien te molesta, tienes que dejárselo saber hablando con tranquilidad sobre cómo te sientes en relación a sus palabras o acciones. Aprende a expresarte mejor, con claridad y compostura.

3. **Evitar los disparadores.** Debes aprender a escapar de esas cosas que sabes con certeza que te harán enojar. Por ejemplo, si te molesta que tus hijos se peleen cuando viajan juntos en el asiento trasero del coche, anticípate a la situación y acuérdate de tener a mano juguetes, música o cualquier cosa que los distraiga y entretenga.

4. **Tomarlo con sentido del humor.** Ríete de las situaciones, canta.

5. **Usar la técnica del «tiempo muerto».** Haz un alto, retírate de la situación. Puedes sacar a pasear el perro, tomar una ducha o un baño tibio. Ten presente que es importante calmarse antes de hablar.

¿Cuándo el enojo es dañino y enferma?

- Cuando es muy frecuente.
- Cuando dura mucho tiempo.
- Cuando es muy intenso.
- Cuando lleva a la violencia (enojo patológico).

Una madre y su hija estaban en el supermercado. La niña lloraba y gritaba:
—¡Cómprame chicles!
La madre dijo:
—Estela, contrólate. Si no controlas tus emociones vas a enojarte más y más.
La niña siguió llorando e insistiendo a gritos:
—¡Quiero chicles, cómprame chicles!
—Estela, estás tan enojada que si no te controlas vas a romperlo todo. Tranquilízate, Estela, la furia te llena de resentimiento.
Cuando salía del supermercado, un hombre le dijo a esa madre:
—Señora, ¡qué bien ha contenido a su hija Estela!
—Señor, Estela soy yo —respondió la madre.

«¿Cómo podemos resolver esto?»

Algunas actitudes pueden ayudarnos a resolver conflictos. Veamos:

- **Saber esperar.**
  No se puede construir un diálogo a partir del enojo. Los gritos y la agresividad son una reacción emocional, y lo racional no puede dialogar con lo emocional.

Hay personas que hablan enojadas para callar la reacción del otro. Cuando alguien te hable enojado, sube cuatro escalones antes de dialogar. Imagínate a ti mismo como una sala vacía con una puerta delantera y otra trasera. Las emociones entran por la puerta principal, salen por la de atrás, vuelven a entrar y repiten el ciclo. Algunas emociones pueden quedarse bastante tiempo en la sala, otras pueden salir rápidamente, y algunas pueden salir y volver a entrar en la sala varias veces; pero lo más importante es que eventualmente todas salen para dar paso a nuevas emociones.*
Tienes que saber esperar. Lo bueno de cualquier emoción es que con certeza pasará.

- **Evitar el conflicto sin huir.**
  Si una persona me grita y yo no le respondo y guardo silencio, o le respondo mientras está en ese estado, el enojo crece y el conflicto no se resuelve. ¿Qué tenemos que hacer, pues? Responder, por ejemplo: «Puede que tengas razón, pero lo hablamos después», o «En estos términos no nos vamos a poner de acuerdo, hablemos después». De esta manera, estamos diciendo: «Entiendo tu enojo, pero no la discusión.» Frenamos el conflicto y lo posponemos para un momento en que ambos estemos más tranquilos.

- **No encarar nada si no estoy relajado.**
  Cuando estamos enojados no pensamos con claridad, por lo que es necesario esperar hasta estar más tranquilos, más relajados, para entonces sí tomar decisiones.

* *www.cci.health.wa.gov.au/docs/Distress%20Tolerance%20 Module%202.pdf*

- **Transformar el enojo en energía para resolver el conflicto.**
Cuando una persona sabia se enoja no busca aplastar al otro, sino que lo abraza y le pregunta: «¿Cómo podemos resolverlo?» Cuando dos personas discuten no tienen que buscar quién tiene la razón o quién es el más fuerte, sino sentarse a analizar de qué manera pueden resolver sus diferencias. El enojo muchas veces nubla la razón y hace que uno quiera derribar al otro. Sin embargo, lejos de generar división, un problema tiene que servir para unir a las personas y que juntas puedan resolverlo.

PREGUNTAS

- **¿Qué puedo hacer con la gente que arremete contra mí?**
Es una agresión innecesaria y exagerada. Lo hacen para incomodar al otro, para silenciar su reacción. Lo mejor es no responder a esa emocionalidad y pensar: «¿Cuál es el problema aquí?» Lo mejor es enfocarse en eso y no responder a la emocionalidad con más emocionalidad, ya que esto no lleva a ningún lado y nos mete en una batalla sin salida.

- **Si veo que alguien está enojado conmigo, ¿lo mejor no sería gritar de entrada y así marcar territorio, dejar bien claro quién soy?**
¡No!; gritar es subir cuatro escalones de golpe y agotar todos los recursos previos. Como dije anteriormente, gritar es meter al otro en el binomio de someterse o redoblar la apuesta y contraatacar. Gritar nunca es aconsejable.

Nudo Mental 9

SOY MUY PERFECCIONISTA

Idea liberadora:
Celebrar aciertos y corregir errores

Supongamos que estás escalando una montaña.
Has ascendido ochocientos metros y te faltan doscientos
para la cima. Puedes hacer tres cosas:
1. Mirar lo que te falta, los doscientos metros,
eso es perfeccionismo.
2. Mirar solamente lo que has logrado, los ochocientos
metros, eso se llama conformismo.
3. Mirar lo que has logrado y lo que te falta.

Todo escalador tiene que «hacer tienda» y mirar atrás para motivarse, pero siempre siendo desafiado por lo que le falta. Tenemos que saber que nuestras debilidades son nuestras fortalezas si no las escondemos, si no nos avergonzamos de ellas. Tenemos que erradicar mitos, por ejemplo, creer que no saber algo impide alcanzar logros. Puedo subirme a un avión o conducir mi coche sin saber nada de motores, y eso no me impide llegar a destino o ser un buen conductor. Es un mito del perfeccionista creer que «si sé todo, entonces sí llegaré». Necesitamos hacer las paces con nuestras debilidades, porque cuando podemos reconocerlas somos fuertes. Nuestra fortaleza reside en saber qué cosas nos causan miedo, ante qué somos vulnerables y decidir vencer nuestros miedos para avanzar, sabiendo que la meta es tan importante como el camino. Por ejemplo, un avión sube y baja permanentemente durante su vuelo; sin embargo, eso no es lo más importante, sino ir en la dirección correcta, ese es el objetivo, no las circunstancias puntuales.

Ver la meta y el camino

Supongamos que un bailarín se presenta en el teatro cada sábado y durante la semana no hace nada, solo espera poder llegar al «sábado glorioso». Vive de «cima en cima», pasa de «nada» a «todo» y entretanto siente un gran vacío. Un buen bailarín entrenaría mientras transcurren los días para llegar en condiciones óptimas al sábado, luego descansaría el domingo y repitiría el círculo nuevamente.

Pensemos en un deportista que juega el domingo, pero de lunes a sábado no entrena. Así, sube de golpe y baja de golpe, en muchos casos, recurriendo al alcohol o las drogas.

Observa este gráfico:

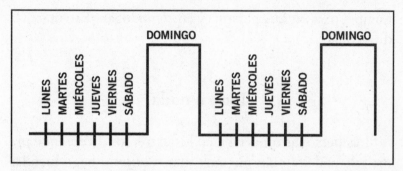

Este es un mal manejo de la energía. Solo se gasta el domingo; el resto de la semana, nada. Es como levantar un avión sin que corra por la pista, como si fuese un helicóptero, y bajarlo de golpe. Ahora bien, si el jugador entrena lunes, martes, miércoles y va aumentando gradualmente su exigencia, tenemos este gráfico:

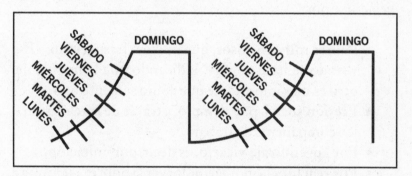

En este caso disfruta del «suceso» y del «proceso», del «embarazo» y del «parto». Un escalador que solo piensa en llegar a la cima y plantar bandera no disfruta la escalada, y eso definitivamente no sirve. Un publicista que quiere anunciar el recital del sábado sabe que de lunes a viernes tiene que ir aumentando la publicidad progresivamente. Poner «todo» o «nada» de golpe es un mal negocio afectivo.

No podemos hacer todo *todo* el tiempo, para *toda* persona y en *todo* lugar, pero sí podemos hacer algo, *algún* tiempo, para *alguna* persona y en *algún* lugar. ¡Eso marca la diferencia!

Todo o nada

Las personas que viven en los extremos dicen «*siempre* me sale mal», «*todos* me maltratan», «*nunca* hago bien las cosas». Saltan de un extremo al otro, pasan de 0 a 100, del blanco al negro sin tomar en cuenta los demás colores, funcionan en «encendido» o «apagado».

Esta clase de personas viven siempre insatisfechas porque sienten que no alcanzan la perfección. **¿Cómo nace el perfeccionismo en una persona?** El perfeccionismo puede generarse por:

- **Padres muy ansiosos,** que utilizan frases como: «Ese vestido te hace gorda», indicando que la mirada del otro es más importante que cómo se siente uno.
- **Presión social,** por ejemplo, a través de la televisión o los compañeros de trabajo.
- **Por aprendizaje vicario,** es decir, por imitación.
- **Por reactancia,** por ejemplo: ver la pobreza impulsa a ser perfeccionista.

Tres características que hacen sufrir al perfeccionista

1. **Al hacer algo le preocupa mucho equivocarse.** Si comete un error siente que todo se estropea. Se dice a sí mismo: «Tengo que evitar los errores y desastres.» Detrás de su exigencia, el perfeccionista está atado a la mirada social, a la opinión del otro, porque cree que solo será aceptado y amado si hace todo perfec-

to. Exigirse es bueno, pero si el objetivo es evitar las críticas, es un error.

2. **Tiene metas ilógicas.** Sus objetivos son muy difíciles de alcanzar; por ejemplo, quiere adelgazar diez kilos en una semana; hace años que no juega al fútbol y quiere ser el mejor; quiere formar la pareja ideal en un mes, etc. Va detrás de un imposible que él mismo se construyó. Siente siempre disgusto y no alegría por hacer las cosas bien.

3. **Cuando hace algo no se puede relajar.** El perfeccionista piensa: «Si lo hago perfecto me amarán», «Si lo hago perfecto, es valioso, pero si no es perfecto, no sirve», «No alcanzo a complacer a los demás ni a mí mismo», «Todo se mide en términos de logros y resultados».

¿Los perfeccionistas solo se exigen a sí mismos? No necesariamente. Hay tres tipos de perfeccionistas: los que solo se exigen a sí mismos, los que les exigen a los demás y los que se sienten exigidos por otros.

Los padres podemos prevenir el perfeccionismo en nuestros hijos. No tenemos que felicitarlos solo por sus logros sino también por el esfuerzo. Por ejemplo, no importa si en el examen tu hijo saca un 7, sino que haya dado lo mejor de sí. Es importante que aprendamos a felicitar el esfuerzo (y no la nota) para motivarlos a seguir esforzándose.

En una ocasión, un padre llevó a su hijo que tocaba el violín a escuchar a uno de los mejores violinistas del mundo. Cuando terminó el concierto, el padre le preguntó:
—Hijo, ¿crees que algún día tocarás así?

Con sabiduría, el hijo le respondió:
—Papá, no sé si tocaré así, pero lo que sí sé es que voy a practicar más.

Ese chico salió motivado no para alcanzar una meta, sino para mejorar cada día.

¿Cuál es la diferencia entre *motivación* y *presión*?

En primer lugar, recordemos que para motivar a otra persona es necesario tratarla bien. Sin embargo, toda motivación es una presión, la cuestión es cuánto presionamos. Dos errores muy comunes son no presionar o presionar más de la cuenta. No podemos presionar igual por todo, y la presión siempre tiene que ser de menor a mayor. Por ejemplo, un futbolista no se presiona de la misma manera para un entrenamiento que para jugar un campeonato.

Disfrutar es la clave

¿Cuál es la diferencia entre un músico que practica muchas horas sin contarlas y otro que lo hace un número determinado de horas diarias en busca de «la perfección»? ¡Que uno disfruta y el otro sufre! El primero está pasándolo bien, mientras que el segundo está pasándolo mal. El placer o la insatisfacción marcan la diferencia.

El que disfruta también se exige y se pone metas altas, pero disfruta el suceso y el proceso al mismo tiempo, es decir, no solo disfruta con sus logros, sino también con el camino, el esfuerzo, y acepta los fracasos. El que puede pasarlo bien está motivado, mientras que el perfeccionista está estresado. Por esto no existe un perfeccionista feliz.

El doctor Luis Chiozza nos ofrece un ejemplo genial: «En mi casa tengo que instalarme en la habitación donde no llueve. Esto no significa descuidar la que tiene goteras y dejar que el techo se derrumbe. Pero sí que debo aprovechar y disfrutar del confort que puede brindar mi casa y desde allí ir solucionando los otros problemas.»*

Éxito = satisfacción + expansión

Imagina que cateas un examen. ¿Te gritarías por eso? ¿Te tratarías de tonto? ¿O te esforzarías más al estudiar para la próxima vez aprobar? Muchas personas no saben tratarse bien, no se respetan a sí mismas, en su diálogo interior se maltratan, se desprecian, se castigan. Tienen compasión hacia los demás, les dicen: «Entiendo por lo que estás pasando», «No te preocupes, todo se va a solucionar», «Quédate tranquilo, date tiempo, ya vas a tener otra oportunidad», o «Te comprendo, estás pasando por un momento muy difícil». Sin embargo, cuando se trata de sí mismas, piensan: «Soy un idiota», «¡Cómo pude hacer eso!».

Sabemos ser compasivos con los demás, pero no con nosotros mismos. Por eso, tenemos que aprender a admitir: «Sí, me fue mal», «Sí, me equivoqué, pero la próxima vez me irá mejor».

Si solo veo mis errores, me castigaré y no tendré motivación para seguir adelante por no ver mis aciertos. Por otro lado, si veo los aciertos también tengo que ver los errores para corregirlos. Si solo veo lo que hago bien, no creceré porque estaré negando mis errores. Por eso, una buena es-

* *http://www.lanacion.com.ar/793962-tengo-que-instalarme-en-lahabitacion-donde-no-llueve*

trategia es siempre ver ambos: los aciertos para celebrar y los errores para corregir.

Si vemos lo que ya logramos, tendemos a la satisfacción, a ser agradecidos por lo logrado. Si vemos lo que queremos lograr, tendemos a la expansión, vamos por lo que falta, es decir, nos gustan los desafíos. Si solo vemos lo que nos da satisfacción, podemos quedarnos sin conquistar, y si solo vemos lo que todavía nos falta podemos ser desagradecidos por lo alcanzado, por eso tenemos que ver ambas cosas: lo que tenemos para ser agradecidos y lo que nos falta conquistar. Eso es éxito, ver los dos caminos en paralelo y no uno u otro.

Recuerda:

Satisfacción: Ver lo logrado y agradecérselo a Dios.

Expansión: Ver lo que falta e ir por lo nuevo y por lo que no logramos. En la vida tenemos que mirar y agradecer lo logrado para ir por lo que nos falta para llegar a la cima. ¡Nos vemos allí!

El joven George Dantzig lo único que anhelaba en la vida era ser profesor de matemáticas. Un día llegó su oportunidad: un distinguido profesor de la universidad anunció que pondría un examen a todos los alumnos que quisieran postularse como sus «ayudantes de cátedra», con todos los beneficios que eso conllevaba. Dantzig se preparó día y noche para el día del examen. Cuando llegó el momento, él aún se encontraba encerrado en su habitación, estudiando. Al descubrir que ya había empezado el examen, fue corriendo a la universidad, entró en su aula en medio de la clase ya empezada, pidió disculpas por la demora y comenzó con ansiedad a hacer los ejercicios que estaban escritos en la hoja. George vio que había dos problemas más escritos en la pizarra, y pensando que estos eran para crédito extra, volvió su hoja y empezó a trabajar en ellos. Con esfuerzo, transpiración y presión trató de responder a esos dos problemas que consideró altamente difíciles. El profesor anunció que el tiempo había terminado y todos entregaron, esperando regresar al otro día para saber quién había sido el afortunado que sería el próximo ayudante de cátedra. Al día siguiente todos se reunieron, expectantes, y el profesor anunció que el próximo ayudante sería George Dantzig.

—No entiendo, señor —dijo sorprendido el agraciado.

—Usted llegó tarde, ¿no es así, George? —replicó el profesor.

—Sí, señor, lo siento, estaba estudiando...

—No, no, déjeme explicarle —continuó el profesor—. Verá, George, este iba a ser un examen difícil, así que advertí a los estudiantes que la matemática presenta unos muy, muy difíciles problemas, y que esta prueba no sería una excepción. De hecho, hay problemas tan difíciles que los llamamos problemas insolubles. Como ejemplo, escribí dos de ellos en la pizarra. ¡Y usted ha resuelto uno de ellos!*

Déjame preguntarte esto: si George hubiera escuchado que los problemas de la pizarra no se podían resolver, que eso era algo imposible, ¿crees que hubiera intentado resolverlos? ¡Absolutamente no! A veces llegar tarde es lo mejor que nos puede pasar, para no escuchar que «no se puede».

---

* Historia adaptada de *http://gaussianos.com/la-leyenda-de-dantzig/*

PREGUNTAS

- **Mi jefe siempre me marca lo que hago mal, ¿qué puedo hacer?**
Pásale la pelota y adelántate a preguntarle: «¿Qué necesita que haga?» Replantea la relación en términos más amigables.

- **¿Cómo puedo motivar a un grupo de personas?**
Una buena manera de motivar a un grupo es conectar la motivación individual con la del grupo, es decir, atar sus sueños personales al sueño del grupo de manera que puedan ver que existe una conexión entre ambos. Por ejemplo, un buen futbolista puede valer millones, pero si pertenece a un equipo que es campeón, siempre tendrá mayor valor que alguien que brilla solo.

Nudo Mental 10

VIVO PRESIONADO

Idea liberadora:
Una buena actitud trae calma y la calma, una buena mirada

Supongamos que juego al fútbol, me golpean y al terminar el partido vuelvo cojeando a mi casa. Estoy contento a pesar del dolor. Supongamos ahora que un día me levanto por la mañana y me golpeo con la cama. El dolor y el malestar son enormes. Se trata del mismo golpe y el mismo dolor que tuve jugando al fútbol. Sin embargo, el del fútbol no duele tanto porque la actitud de disfrutar, divertirse y pasarlo bien hace que mi interpretación del dolor sea distinta.

La actitud se define como la manera en que interpretamos las diferentes circunstancias que nos toca enfrentar y respondemos ante ellas. La actitud es algo muy poderoso, porque te levanta o te aplasta, te abre puertas o te las cierra.

También es una elección, lo que significa que cada uno elige qué actitud va a adoptar ante una situación. Es nuestra tarjeta de presentación. Nuestra actitud determinará en gran medida el éxito que podamos tener en la familia, con los amigos, en el trabajo, en cualquier área de nuestra vida.

¿Cuántos árboles ves?

Cuando hay que resolver problemas es fundamental decidir «cómo me posiciono frente a ellos». Es decir, si mis emociones me gobiernan o yo gobierno mis emociones.

A. Si mis emociones me gobiernan, se produce la visión de embudo. Supongamos que me persigue un león, voy corriendo y me subo al primer árbol que veo (no necesariamente el mejor). Así sucede cuando tenemos ansiedad, solo vemos una opción. Si soy ansioso, solo veo el árbol (no hay alternativas) porque estoy parado en el miedo. La ansiedad me hace evaluar mal la realidad.

B. Si estoy tranquilo, tiene lugar el embudo pero al revés. Ahora puedo ver todo el campo y tomar mejores decisiones. Veo el ataque, el peligro, y eso me permite ser reflexivo.

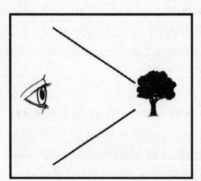 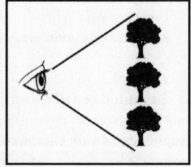

La vida se compone de un diez por ciento de situaciones y un noventa por ciento de actitudes, reacciones frente a eso que nos sucede; por tanto, tener la actitud correcta es fundamental para realizar nuestros objetivos.

Termómetro o termostato

Hay una diferencia importante entre ambos instrumentos: mientras que el termómetro sirve para *medir la temperatura* (de acuerdo al estímulo exterior que recibe indicará que la temperatura sube o baja), el termostato *modifica la temperatura*. En nuestra vida podemos ser como el termómetro, ver las circunstancias de manera pasiva, diciendo «esto es lo que me pasó», o podemos ser un termostato y *cambiar* ese clima afectivo. La primera actitud es *reactiva*: si me saludan, saludo; si me lo piden, hago; la segunda es *proactiva*, es decir, tomo la iniciativa.

En una oficina vi un cartel que expresaba esta idea:

NO SE ACEPTAN CARRETILLAS

«Si usted es una carretilla y va solamente hasta donde otros lo empujan, este trabajo no es para usted, así que no se moleste.»

Supongamos que existe un médico experto en determinada área de la medicina. Es un gran conocedor de un tema en particular y le gustaría ser invitado por los medios de comunicación cada vez que se aborda ese tema. Sin embargo, como nadie lo conoce, nadie lo llama. Así es como en este profesional se generan dos actitudes. Quiere estar en los medios para que la gente lo reconozca, para que sepan acerca de su conocimiento y de las investigaciones que ha hecho sobre el tema, pero a la vez, no actúa. Dentro del médico tiene lugar una lucha interior. ¿Cómo la resuelve? Aceptando que sí le gustaría ser convocado por los medios para explayarse sobre su tema, adoptando una actitud proactiva: enviar su currículum y llamar a los productores para ofrecerse a disertar sobre ese tema cada vez que este se aborde.

Cuatro actitudes

Supongamos que a un gran admirador de los Beatles, un amigo lo invita a escuchar a los Rolling Stones. Frente a esta invitación, es posible tener cuatro actitudes:

- *El seguro.* Es la persona a la que le gustan los Beatles y, como sabe quién es, qué cree y adónde va (conoce su identidad), puede escuchar al otro grupo sin problemas. Acepta la invitación porque no está en juego su identidad. Si yo sé quién soy, qué creo y adónde voy, no tendré miedo de juntarme con los demás.
- *El inseguro grado 1.* Es la persona que va de un lado a otro; hoy escucha a un grupo, mañana a otro y luego a otro, porque no tiene clara su identidad. Esto es lo que sucede en la adolescencia.
- *El inseguro grado 2.* Es la persona a la que le gustan los Beatles pero va al concierto de los Rolling Stones de mala gana, enojado, para mostrar y confirmar que son un desastre y por eso NO le gustan. Esta actitud es como la del adolescente pero con una dosis de agresividad, ya que se necesita marcar el contraste («nosotros contra ellos»).
- *El inseguro grado 3.* Es la persona a la que le gustan

los Beatles, pero no asiste por nada del mundo al concierto de los Rolling Stones. Tiene miedo e inseguridad de sus propias creencias; en consecuencia, no «cruza la línea». Marca así el contraste, siempre con enojo hacia el otro y sin respeto.

Yo puedo ser admirador del grupo A (los Beatles), no ir al concierto del grupo B (los Rolling Stones) y aun así tener una relación cordial con este, no agresiva ni condenatoria.

En lugar de grupos musicales, podemos pensar estas reacciones con respecto a cualquier otro hecho, idea, ideología, religión, etc. El «miedo al ecumenismo» de muchos religiosos se debe a que no conocen su identidad: quién soy, qué creo y adónde voy. Por eso, mantienen el contraste: ellos son A y los otros son B. No tienen nada que ver con «los otros». Necesitan el contraste para sentirse seguros y pensar: «Yo soy mejor que ellos.»

Cómo transmitir una actitud correcta:

- **Convéncete a ti mismo de lo que quieres comunicar.** Eres el primero que tiene que «comprar» tu proyecto. Nadie podrá creer en ti si no estás absolutamente convencido de lo que vas a comunicar. Supongamos que dos estudiantes van a hacer un examen. Uno de ellos estudió todo, sabe muy bien todos los temas, pero se pone nervioso y tiembla. Lo califican con un 7. El otro estudiante no sabe tanto, pero está seguro, sostiene la mirada de su profesor y se muestra relajado. A este estudiante lo califican con un 9. Todo lo que hacemos va acompañado de algo que también se evalúa: la *actitud*. Es normal que las responsabilidades nos provoquen tensión. Por ejemplo, un cirujano siente tensión al operar, pero no la vive como un problema, esa tensión no le hace dudar de su capacidad. Pero si la tensión es vivida con angustia, eso tiene que ver con la inseguridad.

- **Sé conciso y breve.**
Los americanos usan un método que consiste en presentar brevemente un proyecto o negocio en menos de dos minutos. Se llama el *elevator pitch* porque tenemos que elegir las palabras justas para lograr convencer a otra persona de nuestro proyecto en lo que dura un trayecto de tres pisos en ascensor. Tanto la síntesis del mensaje que se quiere comunicar como escuchar sin interrupción al otro traen cambios milagrosos.

- **Sé empático.**
Para lograr confianza es necesario ser empático y nunca agresivo, porque cuando somos agresivos podemos ganar la batalla, pero perdemos a largo plazo. Por ejemplo, imaginemos que soy del Madrid y mi amigo, del Barça, ¿cómo lo puedo convencer para que se pase a mi equipo? Veamos las alternativas:

a. **Siendo agresivo:** «Tu equipo es un desastre, ¡nosotros somos mejores!» Tengamos presente esta máxima de la psicología: si reaccionamos mal es porque el tema lo estamos manejando mal. Si lo estuviéramos manejando bien, hablaríamos sin agresión.

b. **Siendo empático:** «¿Cómo fue que te hiciste del Barça?», «¿Qué estilo de fútbol te gusta más?», «Los dos equipos tienen grandes jugadores», «¿Quién te gusta más, Cristiano o Messi?». Mostrar respeto siempre, a pesar de que no conozcamos al otro, traerá respeto, y es una gran actitud.

- **Sé profesional.**
  ¿Cómo podemos manejar mejor nuestras emociones? Teniendo claro nuestro rol. Imaginemos a una enfermera que tiene que lidiar con la muerte, la enfermedad, el dolor, etc. ¿Cómo hace para manejar esas emociones? Solo tiene que recordar que es una profesional. Eso le permite no verse como «la mamá del paciente», ya que si lo hiciera, no le podría ni poner una inyección dolorosa. En cambio, si recuerda su rol, eso le permitirá tomar una distancia objetiva para manejar sus emociones y así poder ayudar a su paciente.

«Yo pagaré a un hombre más por su actitud y capacidad de llevarse bien con los demás que por cualquier otra habilidad que pueda tener.»
J. D. Rockefeller

PREGUNTAS

- **¿Para qué esforzarme por alcanzar mi sueño si todos dicen que no lo voy a lograr?**
  Hay personas que lograron lo que otros le dijeron que era imposible. Desarrolla una capacidad infinita para pasar por alto lo que otros creen que no se puede hacer.

- **¿Qué pasa si para corregir mis errores necesito mucho tiempo?**
  Los hombres que construyen el futuro son los que sa-

ben que las cosas más grandes todavía no han sucedido y que ellos mismos harán que sucedan. La mejora de uno mismo lleva tiempo, toda la vida, y requiere que trabajes las veinticuatro horas de todos los días del año. Cuando alguien te dice «Esto te llevará solo un minuto», no le creas, ¡no hay nada que tarde un minuto!, crecer tampoco.

Nudo Mental 11

ME CUESTA CAMBIAR MI MANERA
DE PENSAR: LA RIGIDEZ

Idea liberadora:
Si cambio mi manera de pensar, cambio mi manera de actuar

---

*Supongamos que vamos a comer a un restaurante y
pedimos nuestro plato preferido. Pasan los minutos,
transcurre un tiempo prudencial y vemos que el camarero
no se acerca a nuestra mesa. Nos enojamos y lo llamamos,
pensando que nos ha olvidado, pero cuando él se acerca nos
dice que hubo un comensal que se indispuso y tuvieron que
llamar a una ambulancia por un aparente infarto.
Inmediatamente, nuestro enojo desaparece.*

¿Cómo es posible que desaparezca así de rápido? Los pensamientos nos generan emociones. Si cambiamos los pensamientos podemos automáticamente cambiar nuestro mundo emocional.

La mayor parte de la infelicidad del ser humano es producto de las mentiras que se dice a sí mismo. Nuestros problemas nacen a partir de las mentiras que nos hemos creído. No son las circunstancias las que determinan nuestra calidad de vida, sino lo que elegimos creer sobre esas circunstancias. Si deseamos cambios reales y positivos no debemos intentar modificar las circunstancias, sino cambiar nuestro sistema de creencias, porque una creencia errónea solo nos hace sufrir.

Con frecuencia se cree que las emociones se van acumulando hasta que llega un momento en que explotan y se liberan. Sin embargo, esto no siempre es así. El mayor descubrimiento a nivel psicológico es que si cambiamos los pensamientos podemos cambiar la manera de sentir, de ver y actuar.

> *Una chica lleva un anillo de compromiso y un experto en gemas no puede resistir el impulso de elogiar su diamante. Ella responde:*
> *—Es el diamante Klopman, y sí, es una hermosa gema. Es una lástima que venga con una terrible maldición.*
> *El hombre pregunta cuál puede ser tal maldición, a lo que la chica responde:*
> *—El señor Klopman.* *

Todos tenemos en la cabeza creencias que consideramos verdaderas, pensamientos e ideas que nos transmitieron nuestros familiares, la cultura, la religión e incluso conceptos que nos transmitimos a nosotros mismos. Debemos

* Chiste adaptado de *https://en.wikipedia.org/wiki/Klopman_ diamond*

aprender a mirar para descubrir cuáles son los pensamientos erróneos que tenemos en nuestro sistema de creencias.

Cada vez que sufres es porque hay una idea errónea
en tu sistema de creencias, y esa idea equivocada
te hace sufrir.

Aclarar las ideas

Imaginemos que tenemos una botella con agua, y con un gotero le echamos una gota de tinta azul: esa gota inmediatamente contaminará el agua. Luego, echamos otra gota y después otra más. Poco a poco toda el agua va tomando color azul. Ahora imaginemos que bebemos esa agua. Así es el diálogo interior: cada palabra negativa que nos decimos contamina nuestro mundo interior, ¡y luego bebemos eso! Hablemos internamente con palabras de fe, positivas, motivadoras, y bebamos «agua fresca» cada día.

La batalla no se gana en el campo de batalla sino
internamente, antes de salir a pelear.

Nuestro diálogo interior siempre está presente, y puede ser positivo o negativo, es decir, podemos decirnos palabras motivadoras o desmotivadoras. Un ejemplo de cómo nos afecta nuestro diálogo interior se ve claramente en el ámbito de los deportes. Así como aprendemos mal algunas cosas, a agarrar mal la raqueta, por ejemplo, también aprendemos a pensar mal, negativamente. Pero el diálogo interior positivo se usa como una estrategia para superar la ansiedad que el deporte requiere y sirve para aumentar la autoconfianza. Lo que el deportista se dice a sí mismo impacta directamente sobre su rendimiento, por lo que es fundamental para la victoria.

Todos hablamos con nosotros mismos y nos decimos cosas, algunas veces en voz alta y otras veces en silencio, en el corazón.

Te propongo este ejercicio:

Cruza los brazos como lo haces normalmente. Fíjate qué brazo quedó arriba y cuál abajo. Ahora, descruza los brazos y vuélvelos a cruzar, pero hazlo de manera que el brazo que normalmente queda arriba, esta vez quede abajo, y que el brazo que normalmente queda abajo, ahora quede arriba. ¿Te ha costado hacerlo? Ahora vuelve a cruzar los brazos como lo haces normalmente. ¿Verdad que no te cuesta? Eso es porque lo haces de manera automática. Los pensamientos automáticos «surgen», pero mantener un cambio «cuesta», porque implica gastar nueva energía y prestar atención. Así pasa con los pensamientos del tipo «no va a funcionar» o «el tren pasa una sola vez en la vida» (si no hay huelga, en realidad pasa cada diez minutos).

Reflexiona: ¿Qué pensamientos no te están sirviendo? Muchos de los pensamientos en que creemos son sencillamente *mentiras*. Por ejemplo, podemos ver la película *Superman*, pero no salimos pensando que vamos a encontrarnos con Superman en la calle.

Un hombre le pidió a su vecino una olla prestada. El dueño de la olla no era demasiado solidario, pero se sintió obligado a prestársela. A los cuatro días la olla no había sido devuelta, así que, con la excusa de necesitarla, fue a pedirle a su vecino que se la devolviera.

—Casualmente, iba para su casa a devolvérsela... ¡el parto fue tan difícil!

—¿Qué parto?

—El de la olla.

—¿Qué?

—Ah, ¿usted no lo sabía? La olla estaba embarazada.

—¿Embarazada?

—Sí, y esa misma noche que me la prestó tuvo familia, así que debió hacer reposo, pero ya está recuperada.

—¿Reposo?

—Sí. Un momento, por favor. —Y entró en su casa para al poco salir con la olla, un jarro y una sartén.

—Esto no es mío, solo la olla.

—Sí, es suyo, esta es la cría de la olla. Si la olla es suya, la cría también es suya.

«Este tipo está como una cabra, pero será mejor que le siga la corriente», pensó el hombre.

—Bueno, gracias.

—De nada, adiós.

—Adiós, adiós.

Y el hombre marchó a su casa con el jarro, la sartén y la olla.

Esa tarde, el vecino otra vez le tocó el timbre.

—Vecino, ¿no me prestaría el destornillador y los alicates?

Ahora el hombre se sentía más obligado que antes.

—Sí, claro.

Entró en su casa y volvió con los alicates y el destornillador.

Pasó casi una semana y, cuando ya pensaba ir a recuperar sus cosas, el vecino llamó a su puerta.

—Ay, vecino, ¿usted lo sabía?

—¿Qué cosa?

—Que su destornillador y sus alicantes son pareja.

—¡No! —dijo el otro con ojos desorbitados—. No lo sabía.

—Mire, fue un descuido mío, por un ratito los dejé solos, y ya los embarazó.

—¿A los alicates?

—Sí, y le traje la cría —dijo, y abriendo un cestito le entregó algunos tornillos, tuercas y clavos que dijo habían parido los alicates.

«Menudo chalado, pero los clavos y los tornillos siempre vienen bien», pensó el hombre. Pasaron dos días. El vecino pedigüeño apareció de nuevo.

—El otro día, cuando le traje los alicates, vi que usted tiene sobre la mesa una hermosa ánfora de oro. ¿No sería tan gentil de prestármela por una noche?

Al dueño del ánfora le brillaron los ojitos.

—¡Cómo no! —dijo, y entró en su casa y volvió con el ánfora.

—Gracias, vecino.

Pasó esa noche y la siguiente y el dueño del ánfora no se animaba a llamar a la puerta del vecino para pedírsela. Sin embargo, a la semana su ansiedad pudo más y fue.

—¿El ánfora? —dijo el vecino—. Ah, ¿no se había enterado?

—¿De qué?

—Murió en el parto...

—¿Cómo que...?

—Sí, el ánfora estaba embarazada y no superó el parto.

—Dígame, ¿usted cree que soy estúpido? ¿Cómo va a estar embarazada un ánfora de oro?

—Mire, vecino, si usted aceptó el embarazo y el parto de la olla, el casamiento y la cría del destornillador y los alicates, ¿por qué no habría de aceptar el embarazo y la muerte del ánfora?*

Los pensamientos generan conductas. ¿Qué conductas crees que generan estos pensamientos?

Déjalo así...
Va a llevar mucho tiempo.
Esto es muy lento...
¡Crees que todo es tan fácil!
Yo estoy solo, no puedo hacerlo todo.
No me exijas.
Mmm, no sé si va a salir bien.
Es mucho para mí.
No me siento apoyado.
Vamos despacio.
Bueno, ¡que salga como salga!
Esto es peligroso.
Si siguen así, dejo todo.

Hay creencias que tendríamos que revisar, por ejemplo:

Que no se enteren de que tengo problemas.
A mí nadie me ayuda.
La soledad duele.
El dinero es la raíz de todos los males.
Tú tienes la culpa de mi sufrimiento.
Enojarse es malo.
No puedo.

* Cuento de Jorge Bucay extraído de *http://www.articulo.org/ articulo/14496/cuento_para_pensar_la_olla_embarazada.html*

Las creencias tienen su tiempo y lugar, lo bueno del ayer puede ser lo malo de hoy, por eso debemos hacer un inventario de nuestras creencias y cambiar las que no sirven.

PREGUNTAS

- **A mí me gusta decir siempre la verdad; voy de frente y digo todo, pero eso me trae muchos problemas. ¿Por qué la gente no tolera que diga lo que pienso?**
  El «sincericidio» es falso; nadie dice toda la verdad todo el tiempo. Las personas que aseguran «yo digo todo en la cara» son personas que no tienen empatía, no consideran al otro, o lo consideran muy poco. Hay personas que se escudan en la verdad para agredir al otro. Una cosa es ser honesto y otra es ser cruel.

- **No puedo sacarme de la cabeza un mal recuerdo amoroso: mi pareja me dejó.**
  Perdiste empatía, no miraste al otro y por eso «no te diste cuenta» de que tu relación se estaba terminando, no pudiste ver que algo no iba bien. Pregúntate: «¿Por qué necesito estar aferrado a ese recuerdo, por qué no puedo seguir adelante?», y también: «¿Cómo participé yo en esa ruptura?» Es importante que para aprender algo de esa situación salgas del tradicional cuadro «víctima-victimario».

Nudo Mental 12

PENSAR OBSESIVAMENTE EN UN TEMA

Idea liberadora:
Hay dos maneras de mirar la situación: la puntual
y la panorámica

---

*En fotografía existen distintos tipos de lentes. Puedo ver un
hecho de manera puntual (teleférico) o ponerle un gran
angular para ver en visión amplia y panorámica. Del
mismo modo, en la vida podemos ver un hecho de manera
aislada o en el «cuadro más grande».*

En psicología se denomina visión de túnel cuando vemos «con un solo color». La visión amplificada nos permite
detectar más colores y nuevas perspectivas. En ajedrez se
conocen dos enfoques, el duro y el suave. El enfoque duro
es cuando se mueve pieza en pos de un objetivo concreto, y
el enfoque suave es cuando se analiza todo el tablero y se

juega posicionalmente. En la vida ambos enfoques son necesarios; en determinados momentos tenemos que enfocarnos en lo particular y en otros, en lo general.

*El filósofo Bertrand Russell contaba la historia de un pavo que llegó a una granja. Día tras día su ama lo alimentaba y lo cuidaba. El pavo pensaba: «¡Cómo me aman!», hasta que llegó Acción de Gracias. Ese día, en vez de traerle el alimento que tanto le gustaba, la mujer le retorció el pescuezo, lo desplumó y lo metió en el horno. El pavo nunca habría podido entender el porqué. Esta anécdota se conoce como «El pavo de Russell», y enseña que ver solo «el día a día» y no el cuadro completo nos puede llevar a sacar conclusiones erradas y terminar en el horno.**

Mientras escribo este capítulo recuerdo una entrevista con un empresario que me contaba lo bien que le había ido en su último negocio. Le pregunté por qué creía que había tenido éxito, y él respondió: «Por mi perseverancia.» Entonces quise saber en cuántos negocios había sido perseverante con anterioridad y no lo había logrado. Él se quedó pensativo. «En muchos negocios me ha ido mal. En este me fue bien por los contactos que tuve», respondió. Volví a preguntarle: «¿Y en cuántos negocios anteriores también tuviste contactos y te fue mal?» «Es verdad, ¡en todos los negocios que me fue mal tuve contactos! Así que no entiendo ¿por qué en este me fue bien?», reconoció.

Muchas veces tendemos a hacer una lectura lineal y pensamos que si sucedió A va a suceder B, y B ocurrió por A, es decir, hacemos una lectura de causa efecto. Sin embar-

* Fábula adaptada de *http://cadenasverticales.blogspot.com.ar/2009/09/ la-filosofia-del-pavo.html*

go, esto no siempre es así, la vida es más compleja. Cuando un arqueólogo experimentado encuentra un hueso partido y al lado otro, no necesariamente piensa que se trata del mismo hueso. Él sabe por experiencia que con el paso del tiempo, la acción del viento, etc., la parte de ese hueso que falta puede estar a cincuenta metros de distancia. No siempre lo que está «más cerca» es lo que nos sirve para hacer una lectura de lo que nos sucedió.

Analicemos, por ejemplo, el caso de las personas que sienten que fracasaron por haberse separado. La doctora Susan Gamache propone otra visión más interesante, que le da un nuevo giro al asunto: la de «salud-bienestar». En un extremo se ubica el malestar total, en el otro, el bienestar pleno y en el medio, las parejas «normales». Cuando una persona sale de esa media esperable y se inclina hacia el extremo del malestar, la pareja se quiebra. Muchas veces, entonces, separarse es ser liberado de ese malestar y, por tanto, no constituye un «fracaso». Al ver las cosas desde otra perspectiva, la historia cambia.

¿Cómo ves el vaso, medio lleno o medio vacío? Algunos responderán: «Medio lleno», otros dirán: «Medio vacío», lo cierto es que es incorrecto plantearse las opciones «medio lleno» o «medio vacío», ¡tenemos que ver ambos! Porque si miro la mitad llena, entonces tengo tendencia a la satisfacción, y si veo solo lo que falta, tengo tendencia a la expansión, pero también a la insatisfacción.

Armar el rompecabezas

Hay rompecabezas de 25, de 200, de 600 piezas. El juego consiste en ubicar correctamente cada pieza para armar el cuadro final. Un rompecabezas se arma pieza a pieza, con mucha paciencia, hasta que se logra colocar la última pieza y así alcanzar la satisfacción de haber llegado.

Veamos ahora cómo armamos nuestra propia historia. A lo largo de la vida nos han pasado cientos de cosas. Por ejemplo, en las vacaciones. Pero cuando armamos «la historia de las vacaciones», tomamos cinco o seis eventos que unimos dándoles un sentido, y las demás escenas las dejamos de lado. Nuestra percepción de las cosas no es la realidad, sino cómo queremos ver los hechos. La percepción es selectiva, elegimos o recortamos una parte de la realidad y así nos transformamos en constructores de historias que nos narramos como si fueran cuentos, novelas, y de este modo aceptamos que las cosas tienen tal comienzo, tal desarrollo y tal final. Así, si estamos mal tenemos un relato negativo. Y si estamos bien reconocemos tanto las partes positivas como las negativas, pero a las negativas las colocamos por debajo de las positivas.

En ese armado del rompecabezas de nuestra vida tenemos piezas dolorosas que hemos de aceptar, porque siempre estarán con nosotros, pero con el correr del tiempo ese dolor mutará, se transformará conjuntamente con nosotros.

Por ejemplo, si te despiden del trabajo, estás mal, triste, preocupado, pero un tiempo después encuentras un trabajo mejor remunerado y donde te sientes más cómodo. Ahora las dos piezas juntas le dan un sentido diferente a la primera pieza, que solo era dolorosa.

A veces, hay piezas que parecen no encajar con nada. Nos urge encontrar su lugar, y sin embargo no logramos darles sentido. Tenemos que dejarlas de lado y seguir con otras, ¡ya encajarán! La vida siempre nos va dando piezas nuevas para que al encajarlas con otras podamos darles otros sentidos a las cosas.

Es importante que tengas en cuenta que no puedes armar el juego si no sabes qué estás armando. Si no sabes adónde quieres ir, no sabrás qué camino tomar. Tener sueños claros, visualizar en tu espíritu el cuadro final es lo que te permite ir armando poco a poco el rompecabezas de tu vida.

Un aficionado a los rompecabezas me decía que armarlos implica una presión, pero que paralelamente produce un enorme placer. Esa satisfacción de armarlo empuja a ir por un nuevo rompecabezas, más complejo que el que ya armamos. Creo, sin temor a equivocarme, que el rompecabezas de la vida no tiene bordes, podemos seguir construyendo una y otra vez, porque de eso se trata nuestra existencia, de armar un modelo propio con nuestra vida para nosotros y para alegría de otros.

El pasado se transforma

El ser humano es un animal que recuerda. Todos los animales recuerdan a través de los reflejos condicionados, pero solo el ser humano tiene ética, su mente archiva recuerdos, les da un significado y un valor a cada uno de ellos.

Los neurobiólogos dicen que a partir de los tres años el ser humano empieza a recordar tanto lo bueno como lo malo. Todos esos recuerdos forman la identidad, la memoria autobiográfica, el relato de nosotros mismos. La suma de tus recuerdos determina tu identidad y te dice quién eres hoy.

No es posible vivir sin recuerdos. Todos archivamos nuestros recuerdos pero, curiosamente, cuando voluntariamente traemos un recuerdo al presente, no lo traemos tal cual sucedió, sino que lo «editamos», es decir, recortamos o agregamos detalles. De esta manera, los recuerdos que tenemos no reflejan los hechos tal cual sucedieron. Con el correr del tiempo la afectividad del recuerdo se va perdiendo, de manera que podemos recordar sin tanta carga emocional.

Por ejemplo, cuando después de muchos años volví a la escuela a la que había asistido de niño, me asombró ver lo pequeño que era el patio. ¡Cuando era chico ese lugar me parecía inmenso! Esto ocurre porque siempre fijamos los recuerdos según nuestra percepción.

Todos los recuerdos que tenemos son editados, y a medida que pasa el tiempo y crecemos se van modificando. Así, ante un mismo hecho, es sorprendente cómo dos personas lo cuentan de manera diferente.

Y, por increíble que pueda parecer, todos podemos recordar algo que jamás nos ha sucedido. El psicólogo y biólogo suizo Jean Piaget cuenta en uno de sus libros que él poseía un primer recuerdo emocionante de un evento sucedido cuando tenía tan solo dos años. Aún era capaz de ver la imagen: «Estaba sentado en mi cochecito, la niñera lo empujaba por los Campos Elíseos, cuando de repente un hombre intentó secuestrarme. La niñera se interpuso con valentía. Apareció la policía y el hombre huyó. Aún veo toda la escena e incluso en qué entrada del metro sucedió.» Trece años después, la familia de Piaget recibió una carta. La niñera les informaba de que se había inscrito en el Ejército de Salvación y quería lavar su conciencia. Les devolvía el reloj que le habían regalado por su valentía al salvar aquel día al bebé de un secuestro, porque ese asalto nunca había sucedido, ella se lo había inventado. Piaget había oído la historia de niño y la había convertido en un recuerdo propio, llenando la ficción de vívidos detalles y emociones intensas.

La carga emocional

Los recuerdos nos hablan de que hemos vivido, son registros que demuestran que hemos transitado por diferentes experiencias. Los recuerdos quedan fijados en la memoria por el impacto emocional que tienen, es decir, la emoción es el pegamento que hace que ese recuerdo quede grabado en la mente. Por ejemplo, si experimentaste una fuerte ansiedad cuando suspendiste un examen, dicha ansiedad hará que queden grabados en tu mente los detalles de esa experiencia. Es muy probable que cuando tengas que volver a hacer un examen venga a tu mente ese recuerdo. Cuanto más intensa sea la emoción, más se fijará un recuerdo. Esto se ve reflejado en algunas situaciones negativas como un robo, un secuestro o una fuerte discusión verbal, hechos caracterizados por una alta carga emocional. Similar impacto tienen acontecimientos como el primer beso, el primer amor o el nacimiento de un hijo. Esas emociones hacen que conserves ese recuerdo y quede archivado en tu mente. Luego, cuando voluntariamente lo traigas al presente, no volverá tal cual sucedió, sino que lo habrás editado, cortado algunas partes, agregado y magnificado otras. Por ejemplo, el recuerdo de tu primera salida con tu novio o tu novia, tiene una intensidad a los cinco años de que ocurriera, otra a los diez y otra muy diferente a los cincuenta, porque a medida que pasa el tiempo el recuerdo va perdiendo forma, intensidad, se vuelve más vago, y nuestra mente lo edita una y otra vez, sacando algunas cosas y agregando otras que no existieron. De hecho, nuestros sueños son todos recuerdos concatenados y mezclados, por eso muchas veces no les encontramos sentido.

A veces traemos recuerdos al presente, y lo hacemos de acuerdo al estado emocional que estamos atravesando. Entonces, cuando estamos contentos traemos recuerdos alegres, y si estamos deprimidos traemos recuerdos tristes.

Varias investigaciones han demostrado algo muy interesante: *cuando estamos contentos los recuerdos tristes no tienen tanta fuerza.*

Por ejemplo, supongamos que voy a hacer un examen. Salgo para la parada del autobús y se me caen todos los papeles, se ensucian y se estropean por completo. Mientras estoy recogiéndolos veo que viene el autobús, corro para alcanzarlo, pero no se detiene. Espero el siguiente y llego tarde al examen. Finalmente hago el examen, pero me va mal. Cuando rememoro ese día, lo recuerdo todo negativamente: se me cayeron los papeles, perdí el autobús, llegué tarde a la facultad, me fue mal en el examen. Ahora, supongamos que voy a examinarme, salgo para la parada del autobús y se me caen todos los papeles, se ensucian y se arruinan por completo. Mientras estoy recogiéndolos veo que viene el autobús, corro para alcanzarlo, pero no se detiene. Espero el siguiente y llego tarde al examen. Finalmente, hago el examen y me va bien. Cuando recuerdo el día y miro hacia atrás, veo que se me cayeron los papeles y se deterioraron, que se me escapó el autobús y tuve que esperar media hora, que llegué tarde a la facultad, pero nada de eso dolerá tanto porque me fue bien en el examen y estoy contento. Entonces, cuando estamos contentos no solo traemos los recuerdos positivos que nos retroalimentan y nos sanan el estrés, sino que aun las cosas tristes que nos pasaron ya no tienen tanta fuerza.

En el rompecabezas de la vida, no tengo que dejar de ver ni las piezas que ya ubiqué ni las que me falta colocar.

PREGUNTAS

- **¿Por qué tenemos nostalgia?**
  La nostalgia es una manera de recordar el pasado afectivamente. Aunque implique un poco de dolor, la construcción de un recuerdo nos da un terreno de certeza, de seguridad, mientras que el futuro nos da incertidumbre. Entonces, creemos que es mejor recordar lo que tenemos antes que buscar una nueva experiencia. Así, nos quedamos estancados canturreando el tango que dice: «¿Te acordás, hermano, qué tiempos aquellos?»

- **Todo me sale mal, ¿qué puedo hacer?**
  Cuando nos va mal nos mantenemos tercos, porque eso nos da seguridad y certeza, pero es una defensa infantil. Vuelve al relato de tu historia y verás que tiene hitos reales en los que te fue mal, pero cuando la reconstruyes, observas que también hubo cosas que hiciste bien. Entonces, si te visualizas como algo acabado (como una fotografía), no verás la posibilidad de corregir los errores. En cambio, si logras verte como una persona en construcción (como una filmación), podrás decidirte a cambiar y dirás: «Sí, me fue mal en el pasado, pero no tengo que seguir así hoy.»

Nudo Mental 13

NO SABER PRIORIZAR

Idea liberadora:
Tener claro lo importante

---

*En la medicina de urgencias y frente a una catástrofe
(inundaciones, guerras, etc.) los médicos utilizan el* triage,
*término francés que significa «clasificar», «seleccionar».
El* triage *es un método por el cual se le asigna a cada
accidentado un color de acuerdo a la gravedad y urgencia
de su estado. A las personas ya muertas o por las cuales no se
puede hacer nada se les asigna el negro; si la atención debe
ser inmediata, corresponde asignarles el rojo; con el
amarillo se identifica a aquellos que por su gravedad y
riesgo vital necesitan atención durante la siguiente hora,
y si el accidentado no tiene comprometida su vida y la
atención puede esperar, se le asigna el verde.*

Este método permite priorizar el orden de atención de los pacientes. Para lograrlo, es fundamental tener claro el objetivo y explicitarlo claramente a todo el equipo. Cada persona debe saber qué se espera de ella y también poder explicar qué espera ella de los demás.

El *triage* psicológico nos permite ordenar el caos. Así como el médico asigna el color rojo a un infarto, el amarillo a un objeto extraño en el ojo y el verde a una alergia, nosotros también debemos discriminar la urgencia e importancia de cada una de nuestras tareas, siempre pensando en cuál es nuestro objetivo.

¡Me cuesta priorizar!

En la vida cotidiana también tenemos decenas de cosas por hacer: llevar los chicos al colegio, ir a la oficina, pagar facturas, acudir a entrevistas, ayudar a los hijos con la tarea, asistir a la cita con el médico, etc. Si no priorizamos, es decir, si no establecemos un orden de prioridad para hacer todo lo que tenemos que hacer a diario, lo más probable es que nos estresemos o quedemos atascados en las tareas.

Para priorizar debemos entender que no todas las tareas tienen el mismo nivel de importancia, no todas tienen la misma urgencia y no todas han de ocupar el mismo tiempo. Entonces, teniendo en cuenta que el día tiene veinticuatro horas, y que disponemos de cierta energía y recursos para lograr nuestros objetivos, debemos preguntarnos qué tareas debemos hacer ya, cuáles en la próxima hora, cuáles pueden esperar un poco más y cuáles se pueden delegar.

Por eso, planificar cómo vas a usar tu tiempo es muy importante, siempre. Incluso cuando te jubiles tendrás qué organizarte, ¡no puedes tener ocho horas libres! Cuando hemos estado ocupados toda la vida, la jubilación puede causar ansiedad y desánimo. Es fundamental que los jubilados activen el deseo para ocupar su tiempo en actividades que disfruten y les resulten productivas. De lo contrario, es posible que intenten llenar su vacío de una manera negativa.

Hay personas que tienen dificultad para establecer prioridades, todas las tareas les parecen igualmente importantes. Esta dificultad puede deberse a:

- *Falta de hábitos saludables de clasificación.* En este caso, el problema es que no tienen claro su objetivo, es decir, hacia dónde van, qué quieren lograr. Tener el objetivo claro internamente permite ordenarse externamente.
- *Omnipotencia, creer que «lo puedo todo».* En consecuencia, también creen que no necesitan clasificar ni ordenar las tareas según su importancia. La omnipotencia (inconsciente) los lleva a moverse con ese desorden.

Si eres de los que dicen: «Me gusta todo lo que hago, me cuesta parar», tienes que identificar cuándo estás en tu margen. Por ejemplo, los libros tienen un margen donde no se imprime. Hay un punto en el que debes saber detenerte para descansar. Un anillo de diamantes no puede tener un soporte débil. Tú tampoco, tu soporte es el descanso.

Si en cambio eres de los que viven posponiendo cosas, has de saber que hay dos tipos de posposiciones, la *útil* y la *inútil*. La primera es cuando pospongo para mejorar lo que estoy haciendo; la segunda, cuando lo hago por temor. Nunca tenemos que angustiarnos por el error, ya que este es un docente, no un juez que nos condena. Sácales la carga punitiva a tus errores y ponles el guardapolvo, porque serán los errores los que te harán crecer, avanzar.

¿Ordenado o pulcro?

Es importante aclarar que una cosa es el *orden* y otra, la *pulcritud*. Orden es saber qué tengo y dónde está, pero no implica pulcritud, que es algo estético, externo. Veamos un ejemplo: hay personas que amontonan muchas cosas en su escritorio pero saben dónde encontrar cada cosa. Si la persona que contratan para limpiar la casa acomoda las cosas del escritorio y pone las gafas en un cajón, todo se ve impecable, parece ordenado, pero en realidad está pulcro, porque cuando la persona llega y busca sus gafas, no las encuentra. Eso es falta de orden. Si en cambio el escritorio no se ve desordenado pero el dueño de las gafas sabe dónde están, hay orden, porque el orden es algo mental, interno.

Ser ordenado y ser pulcro son dos cosas muy distintas. Podemos ser ordenados y no pulcros, podemos ser pulcros y no ordenados, o podemos ser pulcros y ordenados.

Los obsesivos, por ejemplo, son personas pulcras pero no ordenadas. Otros pueden ser desaliñados, pero si saben que debajo de una pila de papeles están sus gafas tienen orden interior, porque saben qué tienen y dónde está.

Es necesario que pongas orden en tu casa, en tu trabajo, en tu negocio. Y también en tu interior: mira tu corazón y ordena tus emociones. No puedes usar lo que no sabes que tienes, pero si sabes qué tienes y dónde está, podrás usarlo a tu favor o para ayudar a otros. Es probable que cuando empieces a poner orden en tu vida surjan emociones que te movilicen, es normal que aparezcan crisis, pero tranquilo, esas situaciones son como lavar un vaso sucio: el agua que cae en él al principio parece que lo ensucia más, hasta que la misma agua que sigue cayendo lo limpia por completo.

El orden es un hábito que nos permite saber lo que tenemos, usarlo y llegar a multiplicarlo. Cuando no somos ordenados vivimos bajo el estrés. ¡El orden trae bendición!

Planificar cada día

De acuerdo a los datos que arrojan ciertas investigaciones recientes, una de las principales características de los países del primer mundo como Suiza, Alemania e Inglaterra es que le dan un gran valor a la limpieza, al orden y a la puntualidad. Las mismas investigaciones se hicieron en Latinoamérica, pero los resultados fueron muy diferentes: los latinoamericanos no valoramos el orden ni la puntualidad. Por ejemplo, si el horario de inicio de una conferencia está previsto a las 18.00, es habitual que sean las 18.30 y todavía haya personas entrando y buscando sus asientos. Y no se trata de gente desinteresada en lo que el conferenciante tiene para exponer, sencillamente son personas que no tienen orden, no tienen puntualidad.

El orden en la vida cotidiana te dará tranquilidad y favorecerá tus logros. Para establecer un orden es necesario:

1. **Planificar tus exigencias.** Debes tener una agenda de exigencias, planificar cuándo te vas a exigir y cuándo no. Por ejemplo, si un cosechador sabe que tendrá que recoger la cosecha de enero a marzo, no se tomará vacaciones durante esos meses, pero sí luego, cuando el tiempo de la cosecha haya terminado. Del mismo modo, puedes planificar ciertas actividades para hacer durante las horas en que sabes que tienes mejor rendimiento, y otras para el horario en que rindes menos.

2. **Establecer una secuencia de cortes por día, por semana y por mes.** La rutina puede desgastarnos, por

eso es muy importante que a lo largo del día, de la semana y el año hagamos algo distinto. Se ha demostrado que podemos enfocar nuestra atención unos cuarenta minutos como máximo. Por eso, si se prevé que una operación durará tres o cuatro horas, nunca hay un médico solo en el quirófano, sino varios que pueden turnarse para realizar las diferentes tareas. Lo mismo sucede con los pilotos de avión o los soldados en el frente. Uno solo no puede estar atento a todo, entonces rotan tareas a fin de administrar correctamente su atención.

Uno cada vez

Al enfrentar una situación problemática, has de reflexionar sobre el problema el veinte por ciento del tiempo; el otro ochenta por ciento debes dedicarlo a pensar cómo resolverlo.

Si le entregas al médico una radiografía, él la mira y rápidamente te receta la medicación, ¡no está todo el día observando la enfermedad! Así como el médico que estudia el problema para buscarle una solución, nosotros también debemos analizar el problema y rápidamente pasar a la búsqueda de soluciones.

Cuando una periodista le preguntó a la Madre Teresa cuál era su objetivo, ella respondió: «Cambiar el mundo para Cristo.» «Pero ¿cómo puede hacer eso una sola persona?, ¿por dónde se empieza?», volvieron a indagar. «Se empieza por la primera persona que Dios ponga en tu camino.» Tienes que ir resolviendo un problema cada vez; si haces eso, toda la organización de tu día va a cambiar.

PREGUNTAS

- **¿Cómo puedo transmitirle a mi equipo las prioridades?**
Es fundamental que explicites claramente las expectativas, los objetivos que esperan alcanzar. Cada persona del equipo debe saber qué se espera de ella y también poder explicar qué espera ella de los demás. Todo aquello que esperamos pero no decimos lleva al resentimiento.

- **Perdí veinte clientes en mi negocio, ¿qué debo hacer para que esto no se repita?**
Si tienes un negocio y perdiste tres clientes, te diste cuenta tarde. Tendrías que haberlo visto cuando habías perdido dos. Si tus ventas bajaron y te diste cuenta a los dos meses, llegaste tarde. Revisa tu vida cada día, prevé los problemas o detéctalos apenas aparezcan, no los dejes crecer.

Nudo Mental 14

LA FALTA DE COMPROMISO AFECTIVO

Idea liberadora:
Construir mi proyecto poco a poco

Una cosa es trabajar en una multinacional y otra es construir una empresa desde cero. Imaginemos que una persona es contratada por una empresa de bebidas sin alcohol de nivel mundial. Esa persona podrá contratar y despedir, construir o desguazar sin ningún tipo de impedimento, dado que no hay ningún vínculo afectivo. Un carnicero que empezó desde cero y fue construyendo poco a poco hasta montar un gran imperio cárnico va a liderar de manera distinta, dado que en este caso hay un involucramiento afectivo.

Tener en cuenta estas diferencias hace que el liderazgo sea más eficaz. No es lo mismo trabajar en una empresa que construir una empresa de cero y verla crecer. Cuando un varón hace un negocio o construye una empresa desde cero, esa empresa es «su hijo», la vive como propia, como el resultado de su esfuerzo, su sacrificio, como «un hijo afectivo». Para la mujer es muy distinto, porque si bien ella también puede montar una empresa desde cero, la mujer puede ser madre y así saldar esa cuenta. Por eso, algunas mujeres no tienen tanto interés como los varones en que su hijo/a continúe la empresa familiar. Los varones no pueden gestar un hijo biológico; entonces, muchos trasladan esa fantasía a su empresa, transformando simbólicamente esa empresa en «su hijo».

¿Por qué un hombre quiere que su hijo/a biológico/a continúe el negocio familiar y lleve más allá esa empresa? Porque quiere que alguien cuide a su hijo afectivo (su empresa) y lo lleve adelante. Hay gente muy exitosa a nivel empresarial, que le transmite a sus hijos biológicos el deber de cuidar a su otro hijo: la empresa.

Empezar desde abajo

El error mortal es poner de repente a un hijo como «número dos» de la empresa. El hijo biológico generalmente no está preparado para ocupar ese puesto, por eso comete errores y a menudo es motivo de que las empresas familiares quiebren.

Dicen algunas investigaciones que el setenta y cinco por ciento de las empresas familiares dura a lo sumo tres generaciones. El abuelo la funda, el hijo la mantiene y el nieto la lleva a la quiebra. ¿Por qué sucede así?

Tres consejos:

1. El hijo tiene que empezar desde abajo para entender y comprender el negocio en su totalidad. Debe pasar por todas las áreas para ir obteniendo experiencia, para ganarse el cariño de la gente y formarse.

2. Debe tener un rol claro, o se terminará mezclando lo familiar con lo laboral.

3. A medida que el hijo va creciendo dentro de la empresa debe tener libertad para hacer algo nuevo, proponer cosas novedosas para mejorarla. Si el hijo no vive la empresa desde abajo, no se apropiará del negocio, no sentirá que es suyo, por lo que no tendrá motivación ni responsabilidad y se terminará yendo.

El sol se ponía a las siete de la tarde un cálido día de verano durante los Juegos Olímpicos de 1968 en Ciudad de México. El estadio se estaba vaciando después de una jornada de eventos de pista y campo. La medalla de oro del maratón de veinte millas se había adjudicado una hora antes. De repente, el sonido de las sirenas llamó la atención de todos. La policía detuvo el tráfico para que una figura solitaria accediera al estadio.

John Steven Acquari fue el último corredor del maratón. Llevando los colores de Tanzania, iba haciendo muecas de dolor mientras cojeaba en la pista para recorrer los quinientos metros finales. En la carrera había tenido una grave caída que le había arrancado un tendón de la corva y rasguñado sus piernas. Estaba sangrando y tenía calambres, pero tenazmente se arrastró por el campo hacia la línea de meta. La multitud se reunió rápidamente para animarlo. Aplaudieron y gritaron para alentarlo cuando finalmente se derrumbó sobre la línea de meta de puro agotamiento y dolor. Después de que se recuperara un poco, un periodista le preguntó lo que estaba en la mente de todos:

—Si estabas tan seriamente lesionado, ¿por qué no dejaste de correr?

Acquari dijo con sentimiento:

—Mi país no me envió a siete mil millas de distancia para iniciar la carrera, sino para terminarla.*

Dejar un legado

Dijo George Bernard Shaw: «La vida no es una vela para mí, es una especie de antorcha espléndida que agarro en mi mano por un momento y deseo hacerla arder con toda la intensidad posible antes de entregarla a las futuras generaciones.»

El autor y conferenciante John Maxwell dice que podemos dejar a los demás tres cosas:

- un *souvenir*, que es un recuerdo de un evento como un casamiento o una fiesta de puesta de largo;
- un *trofeo*, que es un premio por una batalla ganada, el registro de un logro;
- o un *legado*, que es una herencia que queda para la posteridad, que trasciende los tiempos.

Formar, entrenar a otros es una de las grandes bendiciones que todos tenemos el deber de hacer, así como otros lo han hecho con nosotros. Transmitir sabiduría, experiencias

* Historia extraída de *http://elevangeliosegunjesucristo.blogspot. com. ar/2014/02/sigue-adelante-perseverancia-de-los.html*

y conocimientos para que la próxima generación los mejore y los multiplique es la mejor huella que podemos dejar.

En las carreras de relevos intervienen cuatro jugadores. El juego consiste en que un atleta, al llegar a determinada altura, debe entregarle el objeto que lleva en la mano, es decir, el testigo, al siguiente atleta para que este pueda continuar corriendo el siguiente tramo, y así sucesivamente con los demás compañeros hasta terminar la carrera.

De las carreras de relevos podemos extraer algunas enseñanzas interesantes:

a. **El pasador y el corredor corren juntos por un tiempo.**

¿Hay gente corriendo contigo? ¿Estás entrenando a alguien? Pasar el testigo lleva segundos, pero para pasar la formación se requieren años. No se trata solo de ser el más rápido, sino de saber pasar el testigo. Cada corredor debe entregar el testigo en mano al siguiente corredor en un trecho determinado de veinte metros. Si el compañero no logra tomarlo en el momento justo (ni antes ni después), es un fracaso.

b. **El testigo debe pasarse al siguiente corredor y no puede caerse.**

Hay un momento en que sí o sí hay que pasar el testigo, y si este llegara a caerse, el equipo puede ser descalificado.

Pasar el testigo es necesario para que todo el equipo pueda ganar. Los cardiólogos tienen un lema que admiro y he adaptado a mi vida. Ellos dicen: «Ver, hacer y enseñar.»

PREGUNTAS

• **Mi hijo de cuarenta años todavía se comporta como un adolescente y dice que es culpa mía por no haberle puesto límites. ¿Qué le digo?**
Una persona de más de veinticinco años ya no puede pasarles factura a sus padres. Madurar y corregir errores ya será problema suyo, por lo que tranquilamente puedes responderle: «Tienes cuarenta años, ya venció el plazo de echarme la culpa.»

• **¿La sobreprotección es un exceso de límites?**
No; la sobreprotección es la ausencia de límites. Cuando hay sobreprotección, no hay límites ni protección. O se protege bien o no se protege. Suele pensarse que los padres que sobreprotegen a sus hijos lo hacen por amor; sin embargo, en la sobreprotección se está ocultando el miedo, el temor.

Nudo Mental 15

SENTIRSE INFELIZ

Idea liberadora:
La vida está dentro, no fuera

Cuando éramos chicos tomábamos un palo y lo transformábamos en una nave espacial. La vida estaba dentro de nosotros y no puesta en el juguete. A medida que crecimos fuimos engañados o entontecidos, y comenzamos a pensar que en los «juguetes» —el coche, la casa, el televisor, el ordenador, el móvil, etc.— estaba la vida. Así, buscamos fuera, cuando la felicidad está dentro de nosotros.

Cinco mitos sobre la felicidad

1. **La felicidad pura.**
   Falso. La felicidad coexiste con los problemas, es decir, no es verdad que la gente feliz no tiene proble-

mas. De hecho, las personas felices pueden tener depresión, ataques de pánico, miedos, presiones o inseguridad.

Es normal sentir angustia cuando pensamos en algo bonito, si ese pensamiento nos genera un desafío. Por ejemplo, si un empleado asciende de cargo piensa: «¿Podré sostenerlo en el futuro?»

Cuando tenemos problemas graves es importante que nos demos permiso para disfrutar. Por ejemplo, para apoyar a un ser querido que está enfermo y necesita de nosotros es preciso que estemos bien. Para poder ayudar a otros es indispensable que tengamos un espacio de placer, de disfrute. Si nos prohibimos ese espacio porque alguien sufre, nosotros también estaremos mal y no podremos ayudar para que el otro esté bien.

2. **Resolver un problema te hace más feliz.**
   Falso. Hay personas que dicen: «Cuando me cure la depresión voy a ser feliz», «Cuando termine de pagar mis deudas voy a ser feliz» o «Cuando resuelva los problemas con mi hijo voy a ser feliz». Lo cierto es que resolver problemas nos da *alivio*, pero no felicidad. La felicidad va por un camino paralelo al camino de los problemas. *Eliminar lo negativo no activa lo positivo.*

3. **Es algo que se da.**
   Falso. La felicidad no es algo que se da o que encontramos casualmente. La felicidad es algo que hacemos, algo que provocamos. La felicidad se construye día a día.

4. **Ganar dinero nos da felicidad.**

   Falso. El dinero no nos hace más felices. Una persona a la que le aumentan el sueldo está muy contenta cuando recibe la noticia, pero al mes tendrá el mismo nivel de felicidad que antes del aumento. Del mismo modo, la belleza o la inteligencia tampoco hacen la felicidad. Un estudio reciente ha demostrado que la inteligencia, la belleza o el dinero constituyen solo un diez por ciento de la felicidad.

5. **Es sinónimo de placer.**

   Falso. La felicidad muchas veces se confunde con hedonismo, pero el placer es una emoción superficial, mientras que la felicidad no lo es. Por ejemplo, comer chocolate da placer, pero esa emoción es fugaz, ya que dura solamente lo que se tarda en comer el chocolate. La felicidad no tiene nada que ver con el placer de los sentidos.

Tres niveles de felicidad

Así como un atleta tiene un ritual de entrenamiento (entra en calor, trota, corre, hace estiramientos, etc.), la felicidad también es un hábito que necesitamos cultivar. Podemos construir felicidad si tenemos en cuenta estos tres elementos que nos hacen felices:

1. **Activar las emociones positivas.**

   Las emociones positivas duran mucho más tiempo que la felicidad. Veamos entonces cómo generar emociones positivas y así alcanzar el primer nivel de felicidad:

a. Recordar experiencias positivas, algún momento entrañable vivido. Aunque todavía muchas personas creen que más dinero trae más felicidad, esto no es cierto, son las experiencias y no los objetos los que añaden felicidad a la vida.

b. Ser agradecido. No me estoy refiriendo a decir «gracias», sino a tener el hábito de agradecer. Por ejemplo, puedes escribirle una carta a alguien que en el pasado te ayudó a atravesar un momento difícil, encontrarte con esa persona y leérsela.

Se cuenta que un hombre cayó accidentalmente del andén y se atascó en los rieles de un metro de Londres. Un tren se acercaba rápidamente. Otro hombre se agachó y le dijo:

—¡Deme la mano!

Para su sorpresa, el hombre que se había caído se negó. El que pretendía salvarlo gritó más desesperadamente:

—¡Deme la mano!

Una vez más el hombre se negó. El tren, como una gran ola de acero rugiente, se acercaba a él. De repente, un tercer hombre gritó:

—¡Toma mi mano!

El hombre atrapado tomó la mano que se le ofrecía y logró salvarse en el último momento. Sorprendido, el primer hombre que había ofrecido su ayuda le preguntó al que había logrado el rescate:

—¿Por qué él tomó su mano, pero no la mía?

—Ah, bueno, yo lo conozco —le respondió—. El hombre es un recaudador de impuestos. Usted le dijo: «Deme la mano.» Y él no se atrevió a dar nada. Pero

yo dije: «Toma mi mano», y eso le resultó mucho más fácil.

2. Fluir.

El segundo nivel de felicidad se da cuando fluimos, es decir, cuando hacemos algo que nos apasiona, que nos hace perder la noción del tiempo y lugar, y si nos dicen alguna cosa, nos abstraemos, porque toda nuestra concentración está en hacer ese algo. Algunas actividades en las que muchas personas fluyen pueden ser: los deportes, el arte, la música, la cocina, las charlas con un amigo, etc. Cuando fluimos, las horas pasan y no nos damos cuenta, porque disfrutamos haciendo esa actividad aun cuando nos cueste.

3. Tener un propósito.

El mayor nivel de felicidad es encontrar un sueño más grande que nosotros mismos, vivir una vida con significado. Tener un propósito claro, enriquecerlo y perseverar en ese proyecto nos da un nivel de felicidad estable, que no encuentran quienes no saben para qué viven, para qué sirven.

PREGUNTAS

- **Siento que trabajo solo para hacer dinero, ¿cómo puedo ser más feliz?**
  Está muy bien que trabajes para ganar dinero, pero también puedes preguntarte qué te apasiona. En algún momento tu vocación va a aparecer, vas a poder responder a esa pregunta y satisfacer no solo tus necesidades materiales.

- **¿Por qué algunas personas no valoran sus logros?**
Hay personas que son indiferentes, no visualizan ni valoran sus logros como tales, y esto se debe a que en sus parámetros no está el éxito.

Nudo Mental 16

TÚ ERES MI TODO

Idea liberadora:
Tener un proyecto propio

Supongamos que admiro a una persona y exagero sus
virtudes. Esta sería una idealización normal. Pero después
ya no exagero solo sus virtudes, sino toda su vida.
«Esta persona es extraordinaria», digo.
Esto sería una idealización patológica.
Y, al final, «esa persona no solamente es extraordinaria en
todas las áreas, sino que llena mi vida».
Esto sería fanatismo.

La idealización es la exageración de determinada característica de una persona. Es normal idealizar, todos vemos a
alguien que admiramos en un campo y lo idealizamos. Si
idealizo a alguien solo en un área, de vez en cuando, eso me

motiva. Si idealizo a alguien en todas las áreas, todos los días, lo convierto en ídolo.

Y si considero que esa persona no solamente es extraordinaria en todas las áreas sino que llena mi vida, habré caído en el fanatismo.

Quién soy, qué creo, adónde voy

Una de las cosas que todos los seres humanos tenemos que construir es nuestra *identidad*: quién soy, qué creo y adónde voy. La turbulencia adolescente se debe justamente a esta construcción. Por ese mismo motivo la idolatría es una conducta fuertemente adolescente.

Alguien que no ve lo que le falta busca un factor distractor (mirar al otro) para no ver lo que debe buscar y así construir sus propios valores. Cuando uno construye su identidad, se vuelve seguro y deja de mirar a los demás, porque ya no necesita el factor distractor; deja de juzgar y condenar al otro, porque juzgar es una conducta distractiva de mis problemas de identidad.

El hecho de que tanta gente viva corrigiendo y juzgando a los demás es señal de que muchos no se esfuerzan por construir su propia identidad y proyecto de vida. A un proyecto personal le pongo valores (míos) que solo yo veo. Es mi modelo («yo seré así»), es un referente que me ayuda en una faceta de mi vida.

El «club de fans»

La idealización de una figura puede volverse fanatismo. Para verlo con claridad tomemos el ejemplo de un gran futbolista. Mi idealización normal se relaciona con su actividad y se expresa en frases de este tipo: «¡Es un gran jugador!», «Me motiva para ser un buen futbolista». Si esa idealización se extendiera a todas las áreas y ocupara todo el espacio en mi vida, diría: «¡Es lo más grande que hay! ¡No hay otro como él!»

Para el fanático, toda su vida gira alrededor de aquello que idolatra. En el ejemplo del futbolista, lo nombra cada día y lo extiende a otros ámbitos. Su fanatismo es de lunes a lunes. Es el camino más fácil, porque no implica búsqueda, no hay esfuerzo de preguntarse: «¿Qué quiero y adónde voy?» De esa manera, la persona se mantiene adolescente, carece de identidad. El fanatismo le ofrece un muro de contención.

¿Por qué actúa así? Porque su vida está vacía, y entonces llena los espacios de su vida con su fanatismo, que puede ser la pareja, el trabajo, etc.

El fanático es emocional, tiene un fundamento afectivo y le pone una explicación racional que sirva como soporte de lo que cree. Por eso todo análisis lo vive como una agresión, no puede discutir con tranquilidad.

Subirse al pedestal

¿Qué papel desempeña la idolatría? Todos tenemos la necesidad de creer, algunos menos, otros más. Idolatrar nos da certezas, nos ayuda a visualizar un futuro cierto, nos tranquiliza ante lo incierto. Si alguien me considera su ídolo es porque no tiene un proyecto personal, y tengo que ayudarlo con eso. ¿Cómo? Empoderándolo para que tome sus propias decisiones y entendiendo que me pone como ídolo porque yo lo calmo con respecto a su futuro.

Es común que un líder sea idealizado por su gente. Sus seguidores amplían y exageran sus virtudes. El grupo siente que el líder tiene un plus, por eso le permiten liderar el equipo. Pero si ese líder fomenta la idealización, se convierte en ídolo. ¿Por qué lo hace? Porque ser idealizado lo gratifica. Solo si tiene conciencia de esa idealización no se subirá al pedestal, porque sabrá que así como subió, caerá tarde o temprano.

Pero si el líder fomenta demasiado esa idealización (es decir, «se la cree») y se sube al pedestal, no es consciente de que así de alto como fue su ascenso, así de profunda será su caída. Porque esta idealización genera demandas de perfección y, al ver la gente con el tiempo que el líder «no da la talla», su reacción será de rabia e ira hacia él.

Una mujer o un hombre que no tienen clara su identidad (quién soy, qué quiero, qué creo y adónde voy) le dará fácilmente a su «líder» el rol de «padre espiritual» o «modelo de vida». El líder debe desmontar esta idealización ayudando a la persona a construir su propia identidad, su proyecto de vida, a tomar sus decisiones para crecer y no subir al pedestal a nadie más.

Un verdadero líder:

a. Empodera al otro. Le otorga valor, poder, fuerza y lo motiva a liberar su potencial, no a depender de él.

b. Le da mérito al grupo. Cuando la gente lo idealiza demasiado, el líder le muestra al grupo que sus logros se deben al trabajo del equipo.

c. Reconoce sus errores. Y los muestra sabiamente. ¡Solo las personas fuertes saben reconocer sus partes débiles!

PREGUNTAS

- **Tengo un compañero fanfarrón que dice ser la mano derecha del líder, ¿qué actitud debemos tomar los miembros del grupo?**

  El líder no debe permitir que nadie asuma ese rol y se transforme en su exégeta, porque eso puede generar envidia en el grupo. El problema no es del fanfarrón ni de los miembros del grupo, sino del líder, ya que es él quien lo tiene que apartar de ese sitial. Si el líder necesita poner un portavoz para transmitir algún tipo de mensaje, este tiene que ser una persona que el grupo acepte, no alguien que genere reticencias.

- **¿Por qué a mi jefe le gusta castigar a los empleados, hacer de juez y decir: «Aquí se hace lo que yo digo y punto»?**

  Cuando una persona remarca el rol que tiene, pone en evidencia su inseguridad. Al adoptar el papel de juez, lo único que logra es que le mientan. Cuando tu jefe pregunte: «¿Quién hizo esto?», nadie se hará cargo y dirán: «Yo no fui, fue Fulano», porque cuando los errores se sancionan, lo único que se logra es que las personas los escondan, los tapen y los proyecten en otros. El error tiene que enseñar, no castigar. Un jefe que juzga y castiga el error rompe el aprendizaje grupal.

Nudo Mental 17

LA CULPA VERDADERA Y LA CULPA FALSA

Idea liberadora:
Aprender del error y corregir para seguir adelante

Una persona va conduciendo, se salta un semáforo en rojo, viene un policía, le pone una multa, el hombre la paga, se va y vuelve a saltarse un semáforo en rojo. Ese hombre no aprendió nada, tiene un comportamiento infantil. Pero ¿cuál sería la actitud adulta? La persona va conduciendo, se salta el semáforo en rojo, viene el policía, le pone la multa, el conductor la paga y en adelante corrige su conducta.

¿Cómo podríamos definir la culpa? La culpa es rabia conmigo mismo por un conflicto entre lo que hago y lo que debería hacer. La culpa me dice que soy malo y por eso debo ser castigado.

La culpa es la diferencia entre «lo que hice» y «lo que debería haber hecho», entre «lo que quiero» y «lo que debería querer». Todos hemos hecho cosas malas, nos hemos sentido fatal por haber hecho algo mal, porque si hacemos algo mal, inevitablemente nos sentimos fatal. Engañar es malo, robar es malo, mentir es malo, aquí y en la China, ayer, hoy y mañana.

Imaginemos que un padre le grita a su hijo y le pega un coscorrón, pero después se siente fatal. ¿Qué hace, entonces? Se encierra en la habitación y llora: «¡Qué malo soy! Soy un mal padre, ¡pero me sacó de quicio!» El hombre está muy mal, pero ese sentimiento es infantil: si le gritó a su hijo, como adulto maduro, lo que debería hacer es pedirle disculpas y corregir su conducta.

La culpa es uno de los sentimientos más negativos que puede tener el ser humano y una de las mejores «herramientas» para manipular a alguien. Todo lo que te haga sentir culpable o te genere miedo es manipulación.

La culpa la tiene el otro

El niño se golpea con la mesa y se pone a llorar. La madre se acerca y al tiempo que le pega a la mesa, dice: «¡Mesa mala, mala, mala!» ¿Cuál es el mensaje que le está dando a su hijo? «Tu dolor vino de fuera: fue culpa de la mesa mala.» Así, el niño crece echándole la culpa a los demás. Con el tiempo dirá: «mamá mala», «amigo malo», «jefe malo». En vez de enseñarle a su hijo que el dolor vino de fuera y culpar a la mesa, la correcta actitud de esa madre debería ser: «Cariño, no corras que te puedes golpear.» De este modo estaría enseñándole *responsabilidad*.

Hay personas adultas que dicen: «Mi madre nunca me

motivó para que estudiara, por eso nunca terminé la escuela.» Por otro lado, hay padres que les reprochan a sus hijos no haber podido estudiar, y así les generan culpa. Al hacerlo están justificando su incapacidad para estudiar y la proyectan en el hijo. Se victimizan y le dicen al hijo: «Yo no estudié por ti.» ¡Pero esto es falso! La verdad es que no quisieron o no se animaron a estudiar, pero no reconocen esto y lo justifican culpando al hijo.

También es frecuente que los hijos se sientan culpables por la separación, incluso conocí a una joven que se sentía culpable por la muerte de su padre: lo había invitado a su fiesta de cumpleaños, en la fiesta el padre tomó alcohol y a causa de eso falleció. Esta joven se llenó de culpa por esa muerte. El hecho es que no era ella sino el padre quien tenía que saber que le hacía daño tomar alcohol. No se puede culpar a los demás, cada decisión es propia.

Tenemos que entender que mientras somos niños no somos responsables, en la adolescencia somos corresponsables, y en la adultez ya no podemos echarle la culpa a nadie: la responsabilidad es toda nuestra.

Conductas culposas

Algunas manifestaciones de la culpa son:

- **Sufrir privaciones.** «No tengo tiempo para mí», «No puedo gastar dinero en mí», «Me gusta esto, pero no vale la pena», etc.
- **Frenar, obstaculizar nuestro crecimiento.** «Ya estoy mayor para ponerme a estudiar», «Nunca podré superar a mis padres o a mis hermanos», «No lo voy a lograr», etc. Cuando tienes un deseo, pero te pones un

obstáculo y dices: «No tengo capacidad», «No tengo dinero», eso es culpa, porque la culpa siempre va a poner un obstáculo para que no crezcas, para que no alcances tus sueños.

- **Autorreproche.** «¿Por qué no hice tal cosa?», «¿Por qué hice lo que hice?», «¿Por qué lo dije? ¿Por qué me callé?», «Debería haber hecho esto o lo otro». Sientes rabia contra ti mismo por la impotencia que te genera haberte equivocado.

- **Rigidez.** La rigidez es una estructura basada en el temor, el miedo a salir de la zona de confort, romper un código de pensamiento o enfrentarnos a lo nuevo.

¿En la depresión hay culpa? Sí. Veamos cómo se va formando una depresión:

- Tengo un problema.
- Trato de resolverlo. Pruebo con la solución A, luego con la B, la C y la D, pero no logro resolver mi problema.
- Comienzo a sentirme triste, preocupado, ansioso.
- Pasa el tiempo y el problema sigue sin resolverse. Me siento atascado, no veo la salida, por eso mi angustia y ansiedad aumentan.
- Digo: «Si pienso mucho en esto podré resolverlo.» La ansiedad y la preocupación no me dejan pensar bien y allí me bloqueo. Sigo probando una y otra vez las mismas soluciones que no fueron efectivas, esperando en vano un resultado diferente. Mi frustración crece.
- Se instala la idea de culpa de una manera casi inconsciente.

- Digo: «Esto es culpa mía, me merezco lo que me está pasando. Tengo que sufrir porque soy culpable.»
- Busco ser castigado (por mí mismo y por otros) por no poder resolver el problema.
- El castigo me lleva a tener más depresión, a sentirme más culpable. Con el tiempo este circuito se transforma en mi manera de pensar, de funcionar.

Voluntad de cambio

Si la culpa es real por un error que cometimos, entonces pidamos perdón. Pedir perdón es un acto de grandeza, y la manera de sacarnos las culpas es sabiendo reconocer nuestros errores y cambiando de actitud. Muchas veces, además de confesar nuestros errores y cambiar de actitud, también debemos repararlos.

Cuando una persona vive con culpa, bloquea su potencial. Saberte merecedor de todas las cosas buenas de la vida es un buen comienzo para salir de las culpas. Tienes que entender que nunca serás responsable por las decisiones de otras personas y siempre por las tuyas, y que necesitas alejarte de la gente manipuladora. Vive la vida con alegría, proponte disfrutar de todo, desde el aire que respiras hasta este momento de lectura, todo y sin culpas.

Los pastores de una iglesia habían organizado una celebración en la que participarían niños. Al lado de una bandeja con frutas se colocó un cartelito que ponía: «Por favor, coge una sola fruta. ¡Dios te mira!» Junto a la bandeja con frutas había un gran plato de galletitas. Después de observar la situación, un niño escribió este cartel y lo colocó junto al plato de galletitas: «Coge to-

*das las galletitas que quieras, Dios está mirando la fruta.»**

La única manera de manejar las culpas adultamente es corrigiendo la conducta que ocasionó el problema y así evitar que vuelva a suceder. Hay personas que se autocastigan, pero eso es infantil. La posición adulta es corregir la conducta para luego seguir adelante. La conducta reparatoria no es sancionatoria, el cambio no está en el castigo sino en la nueva conducta. Sentirse mal es inevitable, el tema es qué nos genera: necesidad de ser castigados o voluntad de cambio.

Todo sistema punitivo lleva a pagar la culpa con sufrimiento; sin embargo, esto no resuelve la situación, porque no busca un cambio de conducta.

Recibir un castigo nos redime, pero si no hay un cambio de actitud, solo experimentamos alivio en lugar de corregir conductas.

Analicemos, por ejemplo, el caso de un joven que llega tarde a clase. Entra al aula, pide disculpas y da justificaciones tontas que enojan al profesor (se retrasó el autobús, no sonó el despertador, etc.), pero lo que en realidad hace es interrumpir la clase para ser castigado delante de todos. Cuando recibe el castigo se siente bien, alivia su sensación de culpa, pero esto no cambiará su conducta, por lo que seguramente volverá a repetirla.

¿Cómo podemos reparar una conducta errada? Básicamente hay dos maneras:

* Relato adaptado de *https://mujercristianaylatina.wordpress. com/2008/09/15/ el-altar-familiar/*

- **Hacer lo opuesto.** Por ejemplo, si mandé una carta diciendo algo equivocado, puedo mandar otra disculpándome por lo dicho; si hablé mal, ahora hablo bien, etc. La culpa siempre apunta al pasado, la responsabilidad, hacia el futuro.

- **Pedir disculpas.** ¡Lo cortés no quita lo valiente!

No soy responsable de las decisiones de nadie. No veré a nadie más como víctima sino como protagonista que toma decisiones (equivocadas o no) sobre su propia vida.

PREGUNTAS

- **¿Es normal que un padre se sienta culpable cuando dice «no», cuando le pone límites a su hijo?**
  El padre que se siente culpable por poner límites no está entendiendo su rol de cuidador. Decir «no» es una responsabilidad propia del rol de padre/madre. Por ejemplo, el jardinero no sufre cuando poda. Poner límites y decir «no» es algo saludable para nuestros hijos.

- **Enojarme me hace sentir culpable, ¿por qué?**
  Cuando no ponemos límites correctamente nos enojamos, y ese enojo puede ser con el otro (explotamos) o con nosotros mismos (implosionamos). El resultado de ese enojo es que nos sentimos mal.

Nudo Mental 18

HAGO TODOS LOS DÍAS LO MISMO: LA RUTINA

Idea liberadora:
Saber administrar la energía

En aviación nada se deja librado al azar. Antes de despegar, los pilotos deben utilizar una checklist *(lista de control) para ir comprobando instrumento por instrumento y corroborar que todo funcione correctamente. El avión no despega si no se completa la verificación de los controles del aparato mediante esa lista de control.*

La *checklist* también se utiliza en aviación militar. Esa lista de verificación está pegada en el muslo del piloto mientras va maniobrando el avión, de manera que cada vez que lo necesite, con solo bajar un poco la vista, pueda observar rápidamente el papel.

Un amigo me contó que en una ocasión, tuvo que viajar a una reunión de negocios en un avión pequeño. Una vez que todos los pasajeros estuvieron en sus respectivos asientos, el piloto se sentó en la cabina y, hoja en mano, comenzó a comprobar botón por botón. Mi amigo se asustó al pensar que se trataba de un piloto novato, pero lo cierto es que se trataba de un piloto experto y responsable que utilizaba una *checklist* para asegurarse de que todo estuviera en orden, por más que aquel fuera un vuelo corto.

Una *checklist* puede ser una herramienta útil para ayudar a definir un problema y organizar las ideas. La utilizan los exploradores, los cirujanos, los rescatadores, los científicos, pero, aunque su efectividad está ciertamente comprobada, muchas personas se niegan a incorporarla a su vida cotidiana. Llevar una lista de control diaria, anotar las cosas que tenemos que hacer y llevar un registro de las tareas que completamos y las que tenemos pendientes es lo que nos permite trabajar con orden y eficacia.

¿Por qué no utilizamos listas de control? Hay dos mitos principales por los cuales no lo hacemos. Veamos:

- **Las listas de control impiden la creatividad.**
  Este es el gran mito de nuestra cultura latinoamericana para no usar *checklists*. Muchas personas afirman que las listas de control arrasan con la creatividad porque requieren aplicar un orden. Este concepto es totalmente erróneo, ya que, por el contrario, comprobar las actividades que tenemos que realizar mediante listas de control nos permite ir «en piloto automático». No gastar energía en cosas que podemos hacer de manera automática nos habilita a emplear esa energía en otras actividades creativas. Esto explica por qué

cuando nos bañamos nos vienen ideas brillantes. La actividad de bañarnos es algo que realizamos «en piloto automático», entonces, usamos esa energía para imaginar, para generar ideas. Otro ejemplo claro es el uso de una agenda: no memorizamos los números de teléfono de nuestros amigos, sino que los tenemos anotados. Memorizarlos presupone un gasto de energía que podemos utilizar en otra cosa. Lo mismo ocurre cuando tenemos anotadas las tareas que queremos hacer en el día.

- **Ser ordenado es ser obsesivo.**
  Es importante aclarar que la persona obsesiva no funciona en piloto automático; por el contrario, se concentra, gasta energía en pensar cada cosa que hace. El obsesivo no puede crear porque pone toda su fuerza emocional en analizar y llevar a cabo tareas que debería hacer de manera automática.

«Me suena a aburrimiento»

La rutina es una secuencia de instrucciones que se utiliza repetidamente. Por ejemplo, ¿qué hace un deportista que tiene que jugar un partido importante el domingo? Entrena todos los días durante varias semanas antes de ese partido. Crea todos los días un juego de rol que por repetición le permite mejorar para alcanzar todo su potencial el día del partido. Recordemos que Van Gogh pintó *Los girasoles* seis veces antes de darlo por terminado, Monet pintó doce veces *Los nenúfares* y García Márquez trabajó durante años para escribir *Doce cuentos peregrinos*.

Seguir un orden o rutina evita que gastemos «energía

psíquica» que podríamos utilizar para crear. «El orden empuja a la creatividad»; en otras palabras, utilizar una lista de control nos resuelve las cosas de manera que tengamos más tiempo disponible para dedicarnos a crear, a inventar. Crear es imaginar escenarios nuevos. Si no creamos, inevitablemente nos aburrimos.

La rutina es necesaria porque nos permite usar el cerebro para otras cosas. Por ejemplo, mientras aprendemos a ir en bicicleta prestamos atención todo el tiempo, tenemos todos los sentidos en esa actividad, pero una vez que la incorporamos a nuestra memoria automática, ya no prestamos atención, por lo que podemos pedalear y al mismo tiempo disfrutar del paisaje. La rutina nos brinda un espacio mental para disfrutar y ahorra energía que luego utilizamos en el proceso creativo.

Como expliqué antes, la rutina juega a nuestro favor a la hora de ahorrar energía que después podemos emplear en otras cosas. Si estamos en pareja, por ejemplo, la rutina nos permite conocer «la jugada del otro», y eso nos brinda tranquilidad.

Lo que en realidad aburre no es la rutina, sino no usar la energía en crear. Es la falta de mejoramiento lo que nos da aburrimiento y no la rutina en sí. Si te parece que tienes mil cosas en la cabeza y te falta tiempo para la creatividad, te aconsejo que cumplimentes ya mismo tu *checklist*. Te sobrará tiempo y energía para ser eficaz. Una vez que tenemos nuestra *checklist* diaria, nos sobra energía y tiempo para crear, depende de nosotros hacerlo o no.

Cada *checklist* es personal, y cuanto más ambicioso sea el objetivo, más necesario será implementar un plan paso a paso. ¡La fórmula «rutina + disciplina = más espacio libre para crear» realmente funciona!

Preguntas

- **¿Funcionar con listas de control es ser burócrata?**

  No. Supongamos que a un empleado bancario el jefe le entrega una lista de control. A esa *checklist* él tiene que sumarle su propia lista de control, es decir, sin violar la rutina de trabajo impuesta por el jefe, el empleado le suma su propia lista. Por ejemplo, si le piden que supervise quince clientes, él puede fraccionar esa cantidad y establecer una rutina de supervisión a grupos de cinco clientes. La diferencia con el burócrata es que él no puede contribuir a la lista laboral con su propia lista.

  Por ejemplo, un empleado trabaja de lunes a viernes, pero el viernes tiene su partido de fútbol. Gracias a la lista de control semanal dispone de un espacio de creatividad y lo usa para jugar al fútbol, incorpora a esa lista de control la suya propia. El burócrata tiene una lista de control, pero solo la que le impuso el jefe. No puede sumar su rutina a las condiciones de trabajo. La fórmula para no caer en la burocracia es poder sumar las dos rutinas.

- **Me molesta que en mi trabajo me impongan una lista de tareas. ¿Por qué?**

  Muchas personas asocian *orden* con *control, rigidez* o *pérdida de libertad*. Cuando tenemos una postura mental «adolescente», lo vivimos como algo que tenemos que transgredir porque nos es impuesto. El adolescente ve las tareas a realizar como algo punitivo que pretende cercenarle la libertad.

NUDO MENTAL 19

ESTOY ENFERMO

Idea liberadora:
Construir un pronóstico esperanzador

---

*Supongamos que me diagnostican una enfermedad
y el médico la describe. Ese es el diagnóstico. Luego me dice
que me queda un mes de vida. Ese es el pronóstico.
El diagnóstico hay que aceptarlo, pero el pronóstico,
que es una estadística, no hay que aceptarlo.
El pronóstico es esperar siempre lo mejor,
construir esperanza.*

Todos hemos enfermado alguna vez o nos vamos a enfrentar a la enfermedad, eso es parte de la vida. Hay enfermedades que son crónicas, es decir, que permanecen a lo largo del tiempo, como el asma, la diabetes o una parálisis. Esas dolencias implican pérdidas, pues la persona pierde la energía, la movilidad, la belleza en algunos casos, el trabajo, etc. Toda enfermedad crónica despierta el miedo a la muerte y a la discapacidad.

Básicamente, hay tres cosas que no debemos hacer cuando enfermamos:

1. **No manipular con la enfermedad.**

   Cuando de niños enfermábamos, nos daban algún juguete, mimos, etc., incluso algunas personas me han contado que enfermaban a menudo porque los trataban mejor que cuando estaban sanos. El mismo mecanismo lo utilizan de mayores. Se aprovechan de la enfermedad para manipular a los demás.

2. **No sentirnos impotentes.**

   Cuando dejamos de hacer lo que hacemos habitual-mente (trabajar, divertirnos o salir con amigos) nos estamos estancando en la impotencia. Por eso, cuan-do estamos enfermos nunca debemos dejar de hacer, dentro de lo posible, lo que hacíamos hasta el mo-mento de enfermar, porque eso no nos hará sentir mejor. Y, por supuesto, a todo lo que hacíamos tene-mos que sumarle el tratamiento que el médico nos indique.

3. **No sentirnos culpables.**

   De ninguna manera debemos pensar «por algo nos llegó esta enfermedad», que es un castigo de Dios, o ideas semejantes.

Cuando tenemos a un ser querido enfermo, nunca debe-mos:

- **Explicar.**

  Si la persona enferma nos pregunta: «¿Por qué me pasó esto?», hay que responder que no lo sabemos, que lo importante es saber qué va a hacer a partir de ahí con lo que le está pasando, es decir, darle batalla a la enfermedad. No hay que explicar nada. Muchas veces las personas ansiosas buscan explicar la enfermedad del otro, porque es una forma de decir: «Esto te sucedió por hacer aquello; a mí, que no lo hago, no me va a pasar.» Son engaños que nos decimos a nosotros mismos.

- **Transmitir nuestra angustia.**

  Si una persona está angustiada por su condición tengo que evitar sumarle mi propia angustia. ¿Por qué? Porque si le sumo mi angustia, no estoy pensando en esa persona sino en mí (soy un egoísta). Si estuviese pensando en la otra persona, me guardaría la angustia, iría a mi casa y lloraría, gritaría, o le contaría a un amigo lo que siento. Cuando estoy con el enfermo, tengo que transmitirle esperanza y fuerza, debo tragarme mi angustia y manejarla para no pasársela a quien ya tiene mucha angustia.

¿Qué tenemos que hacer cuando enfermamos?

Hay seis cosas fundamentales que deben hacerse cuando estamos enfermos:

1. **Pelear cada día contra esa enfermedad.**

   Debemos darle batalla a la enfermedad, tener fe en Dios, fe en el tratamiento y fe en nosotros mismos. Necesitamos levantarnos y pelear todos los días de nuestra vida hasta la victoria. La enfermedad es una parte de la vida, pero no es toda la vida.

2. Cuidarnos.

Nadie más lo hará por ti. ¿Cómo hay que cuidarse? Comiendo cosas ricas y sanas, atendiendo a tu aspecto personal, disfrutando de una salida, un café, una película, etc. Es decir, haciendo cosas que te hagan bien. Y siempre hay que pensar hacia delante, no hacia atrás.

3. Visualizarnos triunfando.

Mírate a ti mismo sano, próspero, y no dejes de hacer todo lo que estabas haciendo antes de enfermar. Sigue trabajando, estudiando, disfrutando, y a eso súmale ahora el tratamiento. No dejes nada de lo que estabas haciendo, porque todas las cosas que te hacen bien las tienes que seguir practicando.

4. Participar activamente en el tratamiento.

Recuerda que el diagnóstico que el médico te da es solo eso, un diagnóstico; no es una condena de muerte ni el anuncio del velatorio, sino el comienzo de una batalla diaria de fe y amor. Repítete: «Tengo una enfermedad, no soy una enfermedad.» Habla correctamente, no digas: «Soy depresivo» o «Soy diabético», sino: «Tengo depresión» o «Tengo diabetes», porque si «yo soy», ¡no puedo hacer nada más!

5. Establecer metas a corto plazo.

Tenemos que ponernos metas que podamos alcanzar y disfrutar, cosas que nos den satisfacción inmediata. Es momento de mirar adelante y construir. La enfermedad no es para cambiar las relaciones con los otros, sino para tener una relación con uno mismo.

6. **Aceptar el diagnóstico, pero no el pronóstico.**
No aceptes el pronóstico que dice, por ejemplo, que «te quedan tres meses de vida». Acepta el diagnóstico, pero solo Dios sabe el pronóstico, así que no le pongas fecha, espera lo mejor, construye hacia delante cada día que respires, en espera de algo bueno. Levántate cada mañana y di: «Gracias, Dios, por tu presencia, hoy será un día extraordinario lleno de paz y amor.»

Preguntas

* **Cuando alguien enferma, ¿es útil que revise su vida para tratar de descubrir el motivo?**
En la enfermedad no hay que revisar las cosas hacia atrás, porque no es momento para eso, sino de mirar hacia delante y construir cosas. Algunas personas tienen una enfermedad y revisan su pareja, el pasado que no disfrutaron, etc. Eso es estancarse en la impotencia, ¡porque el pasado ya pasó!, y no sirve revisarlo ahora y quedarse en esa etapa.

* **¿Cómo debemos acompañar a las personas que padecen una enfermedad crónica?**
Cuando una persona tiene una enfermedad que limita algunas de sus capacidades, tenemos que animarla a emprender las cosas que sí puede hacer, a no caer en la sensación de impotencia.

Nudo Mental 20

EL DOLOR

Idea liberadora:
Saber distinguir el dolor útil del dolor inútil

---

*Supongamos que voy al gimnasio por primera vez después
de un largo tiempo sin realizar actividad física.
Lo normal es que al día siguiente ¡me duela todo!
Ese dolor es útil, es el dolor del crecimiento,
y tenemos que diferenciarlo del dolor inútil,
que es el dolor del masoquismo.*

a. **El dolor útil.** El sueño siempre duele, hay un precio que pagar, no hay manera de evitarlo. Si voy al gimnasio y «no me duele», entonces fui a tomar café. Hay que pagar el precio y soportar el dolor. Aceptar que tendré este dolor me libra del sufrimiento.

b. El dolor inútil (masoquismo). El que siempre paga con dolor, paga con sufrimiento adelantado. Por ejemplo, sea rica o no, una persona busca siempre la justeza del precio, ni más ni menos. En cambio, el masoquista paga más caro; paga con dolor y por adelantado.

En el sueño, el dolor me encuentra; en el masoquismo,
al dolor lo busco yo.

Todo dolor que no me lleva a la acción es un dolor inútil. Hacerse la víctima es la señal para no buscar la solución al problema. Solo oigo el dolor si me sirve para hacer un cambio. Todo dolor que me paraliza se vuelve inútil, porque nunca termina de pagarse.

Algunas actitudes del masoquista son:

- No disfruta. (Por ejemplo, tiene un reloj de marca que nunca sacó del estuche, o ropa nueva que nunca usa.)
- No puede sentir placer. (Por ejemplo, se siente incómodo en un hotel de cinco estrellas.)
- Evita lugares y personas que le hacen bien.
- En los buenos momentos siente culpa y se lastima con algo (cree que no se lo merece).

El dolor, ¿un hábito?

Veamos ahora distintas actitudes negativas que las personas adoptan en su relación con el dolor:

1. **El que siempre se queja de que le duele algo.**
   Tiene dos motivos:
   a. Hacerse la víctima: lo justifica, pero se vuelve dependiente. Ya no depende de él, no afronta el tema, no lo resuelve.
   b. Usar el dolor para evitar el compromiso.

2. **El que siente dolor y no dice nada.**
   Es narcisista y piensa: «Yo puedo solo, no quiero mostrar flaquezas.»

3. **El que sufre más que el otro.**
   No piensa en lo que le pasa al otro, le gusta llamar la atención hacia su persona. Por ejemplo, una persona llora más que su pareja por lo que le hicieron a esta.

4. **El que siempre paga con dolor.**
   Es la exaltación del dolor, el masoquista que siempre paga con dolor psíquico. En realidad, es un pseudopago porque nunca se logra pagar. No puede disfrutar de nada, no puede sentir placer porque cree que no se lo merece, siente culpa.

¡No al masoquismo!

Para dejar de sufrir inútilmente es necesario:

- **Tener un equilibrio: placer-dolor-neutro.**
  En México había un bar enfrente de un cementerio con un cartel que rezaba: «Es mejor estar en este lugar que en el de enfrente»; y en el cementerio pusieron otro cartel que ponía: «Los que pasaron por enfrente

terminaron más rápido aquí.» Si en la vida todo es dolor, deberíamos tener cuidado.

- **Rodear mi dolor de emociones positivas.**
  Por ejemplo, si estoy jugando al fútbol y me golpean, estoy feliz, pero si me golpeo con la cama, el dolor es más intenso. ¿Por qué? Porque el dolor que me produce golpearme con la cama no está rodeado de un momento de felicidad. Por eso, es importante construir el contexto.

- **Tratarme amablemente.**
  Piensa: «Me lo merezco.» Sé bueno contigo mismo. No te autorreproches nada, no te critiques, no te lastimes. Tu dolor es único, sé consciente de que nadie podrá comprenderte totalmente. Es *tu* camino.

- **Tener una actitud de esperanza frente al dolor, lo cual marcará cómo se viva.**
  En el caso de dos enfermos de cáncer, en aquel que no tiene esperanza de vida y vive llorando se multiplica el dolor físico. En cambio, en aquel que tiene una esperanza de vida de cinco años y sigue haciendo negocios, el dolor disminuye.
  Aunque tengan la misma edad y la misma enfermedad, lo viven de manera diferente. Podemos compartir nuestro dolor, pero no es nuestra tarjeta de presentación; podemos enunciarlo, pero luego pasa a ser parte de nuestra intimidad. Cuando tenemos dolor, debemos aceptarlo, pero nunca debería ser la manera en que nos conozcan. No puedo ir a un encuentro, cualquiera que sea, poniendo en juego mi dolor.

La frustración te prepara para el dolor. Si te dicen que no,
te frustras, pero eso te hace fuerte.

- **Saber que el dolor lleva a la acción y no a la reac-ción.**
  El dolor es la señal para buscar la solución al problema. Solo oye el dolor para hacer algo, que te sirva para realizar un cambio. Todo dolor que te paraliza se vuelve inútil.

Buenos y malos recuerdos: qué hacer

- **No ignorar los recuerdos tristes.**
  Cuando tu mente archiva un recuerdo doloroso y lo guarda, ese recuerdo termina teniendo más poder. Si has sufrido un robo, un secuestro o un abuso, no querrás recordarlo por la angustia que te genera, pero al no resolver el recuerdo, este se guarda y se vuelve más poderoso. Por esa razón, permítete recordar las experiencias tristes que hayas pasado.
  A alguien que está atravesando un duelo se le suele aconsejar que se distraiga o piense en otra cosa, pero en realidad lo mejor es recordar lo sucedido para que la persona no lo edite y el recuerdo se potencie.
  Si piensas en tu expareja y todos tus recuerdos son malos, has quedado anclado en el rencor, esa persona dejó una cicatriz en tu vida. Tienes que ver cómo contribuiste a ese recuerdo y apartarte del rol de víctima. Giorgio Nardone, un terapeuta italiano que revolucionó el campo de la psicoterapia, les daba a los pacientes que habían sufrido algún trauma la siguiente tarea: «Anota en un cuaderno todos los días y du-

rante media hora el recuerdo de ese trauma con lujo de detalles. Haz esto durante diez días.» En los primeros días los pacientes lloraban como nunca, pero al pasar el tiempo notaban que ese recuerdo ya no tenía tanto poder y que el dolor desaparecía. Enfrenta ese recuerdo traumático, tráelo voluntariamente a tu memoria, habla con la gente sobre lo sucedido, pon por escrito lo que sientes, porque así podrás empezar a controlar y gastar ese recuerdo.

- **Transformar los recuerdos tristes en aprendizaje.**
No basta con editar y recordar sin carga emocional, también tenemos que aprender algo de cada situación adversa. Esto significa que detrás de los recuerdos tristes hay un recuerdo bonito que va a nacer. No se trata de tener amnesia, sino de aprender de los recuerdos tristes. No reniegues o busques distraerte si algún recuerdo negativo vuelve. Por el contrario, di: «Si lo recuerdo, es porque hay algo más que tengo que aprender. Me voy a sentar a analizar, le voy a sacar una enseñanza, una llave que hará que luego pueda olvidar y a la vez abrir mi próxima oportunidad.» En ese recuerdo que te está torturando hay una llave que debes tomar, hay algo que tienes que aprender, y una vez que lo hagas, vendrá tu nuevo recuerdo de victoria.

- **Transformar los recuerdos positivos en motivadores para generar un nuevo nivel de felicidad.**
Si, por ejemplo, tienes un recuerdo positivo de cuando en tu infancia jugabas con los soldaditos, piensa: «¿Cuál será el equivalente hoy de los soldaditos de mi infancia?» Los recuerdos bonitos no son para que te quedes en la nostalgia sino para que los uses como

motivador y generar nuevos recuerdos que te lleven a un nuevo nivel de felicidad. Mientras que los recuerdos tristes te enseñan y te dan llaves para traerte un mañana de victoria, los recuerdos bonitos, además de disfrutarlos, han de empujarte para seguir construyendo felicidad en el presente, de lo contrario, te vas a quedar simplemente contemplando un pasado que se fue: «No me puedo sacar de la cabeza a mi primer novio, que me dejó. ¡Qué apuesto era!» o «¡Qué bueno fue lo que viví en ese trabajo!».

Es importante que aprendas a sembrar buenos recuerdos en tus hijos, porque los recuerdos positivos los fortalecerán frente a los desafíos de la vida.

PREGUNTAS

- **¿Por qué hay experiencias tristes que vuelven a la mente una y otra vez?**
  Si un recuerdo triste vuelve a tu mente es porque todavía hay más aprendizajes que obtener de esa experiencia dolorosa. Una vez que hayas sacado todas las llaves de aprendizaje, ese recuerdo ya no tendrá poder sobre tu vida. Cuando mires atrás, dirás: «Sí, pasé por situaciones tristes y hasta puedo contarlas, pero ya no tienen poder sobre mí porque les saqué las llaves. Aprendí de todo lo negativo y lo bueno me empujó a seguir fabricando buenos recuerdos.» ¡Conviértete en un generador de recuerdos positivos!

- **¿Cómo puedo superar el suicidio de un familiar?**
  El final de todo libro tiene un punto, pero no pode-

mos quedarnos con el punto, debemos ver el libro en su totalidad. Cuando pensamos en la muerte de un ser querido, no podemos quedarnos solo con el final.

Te propongo un ejercicio: piensa en una imagen bonita, un recuerdo hermoso de la persona que partió. Cuando aparezca en tu mente una imagen triste, no la rechaces, solo agrégale esa imagen hermosa que acabas de recordar.

Nudo Mental 21

ME CUESTA ACEPTAR LOS LÍMITES

Idea liberadora:
Los límites no limitan, los límites liberan

Supongamos que tenemos un semáforo al que solo le funciona la luz verde (todo «sí») o que solo le funciona la luz roja (todo «no»). ¡Eso no es un semáforo! Los semáforos funcionan por contraste: a veces la luz se pone en verde (dice «sí») y a veces en rojo (dice «no»). Funcionar por contraste quiere decir, por ejemplo, que no existiría la noche si no existiese el día, el miedo sin el valor. Nada existe sin su opuesto. Los límites funcionan igual que el semáforo, por contraste.

Todas las familias tienen en su hogar un semáforo. Si la única luz que se ve es la roja, en otras palabras, si a un niño le dicen que no puede hacer nada, va a crecer con inseguridad. Por el contrario, si siempre hay luz verde y se le permite todo, hará siempre lo que quiera, sin respetar límite alguno. Cuando le enseñas a tus hijos que hay cosas que están permitidas, pero que también hay otras cosas que están mal (por ejemplo: mentir, engañar, golpear o insultar), entonces ellos crecerán con seguridad. Tendrán así la tranquilidad de saber cuándo decir «sí» y cuándo decir «no».

Con límites protegemos

Está muy bien que seamos padres amigables, pero no podemos ser amigos, «compinches» de nuestros hijos y olvidarnos de poner límites. Tienes que saber que el día que nuestros hijos encuentren en nosotros a un amigo se quedarán huérfanos.

Hay padres que, cuando su hijo transgrede los límites, se lo festejan. Nunca debemos festejar la transgresión. La transgresión en los niños tiene que ver con su necesidad de darle rienda suelta a sus deseos, a satisfacerlos, a saltar los límites que les ponemos. Los padres tienen que sentirse orgullosos con la aceptación del límite, nunca con la transgresión. En lugar de festejarla han de marcar la desaprobación de esa conducta. El padre o la madre que festeja cuando el hijo rompe el límite, le está enseñando que transgredir está bien.

La sobreprotección no es, como se cree habitualmente, un exceso de límites. Es la ausencia de límites. Cuando hay sobreprotección no hay contraste. No hay límites ni protección. O se protege bien o no se protege. Suele pensarse que los padres que sobreprotegen a sus hijos lo hacen por amor. Sin embargo, en la sobreprotección se está ocultando el miedo, el temor. Los padres que sufren cuando les dicen «no» a sus hijos no ejercen su rol de cuidadores. Decir «no» es una responsabilidad propia del rol de padre/madre. Así como el jardinero no sufre cuando poda, los padres que ponen límites lo hacen para bien de sus hijos.

Entonces, tenemos que entender que tan perjudicial como decir «sí» a todo es decir «no» a todo.

Si ponemos demasiados límites no podrán crecer y se convertirán en «adolescentes niños».

Si no les ponemos ningún límite no aprenderán a «historizarse», a ver las consecuencias de sus acciones. Entender que las acciones tienen consecuencias es la manera de aprender.

Las consecuencias del mal manejo de los límites durante la infancia y adolescencia afectan todos los ámbitos de la vida. Por ejemplo, a la hora de formar pareja se manifestará en la falta de compromiso. Una persona que no puede ver el mañana y no entendió que sus acciones tienen consecuencias no formará pareja, sino que buscará simplemente su satisfacción personal.

El abuso es un tema de particular importancia que en nuestros días se ha vuelto muy preocupante. Tenemos que enseñarles a nuestros hijos que solo ellos tienen derecho sobre su cuerpo, que solo ellos deciden quién puede tocarlos y quién no. Y que tanto ellos como los demás tienen que respetar esos límites:

- Deben dormir solos en su cama.
- Deben bañarse solos.
- Deben llamar a la puerta antes de entrar en el dormitorio o en el baño.
- Nadie puede tocar su cuerpo.

Sí a la disciplina, no al castigo

La manera de poner los límites debe ser *flexible*, es decir el «procedimiento» de la aplicación de la ley (el límite) no debe ser demasiado rígido. Por ejemplo, la ley (el límite) es bañarse, el horario se puede negociar.

Los límites son móviles. Hay cosas que se le pueden permitir a un niño a los cuatro años, pero no a los seis. A medida que los hijos crecen los padres vamos ampliando el campo de sus responsabilidades, por ejemplo, les damos las llaves de casa.

¿Qué cosas no debo hacer en mi intento de ponerles límites a mis hijos?:

- Pegar, empujar, tirar de las orejas, darles bofetadas en la boca, sacudirlos, darles fuertes collejas, etc.
- Disciplinarlos dos veces por el mismo hecho.
- Descalificarlos, burlarnos, humillarlos.
- Ser indiferentes.
- Repetir las cosas infinidad de veces.
- Dejar de dirigirles la palabra durante días.

En todas estas actitudes hay violencia. Y como sabemos, *la violencia no resuelve ningún problema.*

Un padre que pega a sus hijos está enseñando a transgredir los límites, porque demuestra claramente su impotencia y revela que él mismo no tiene límites al no poder manejar su enojo y ceder a su propia furia. Al pegar se rompen todos los límites. «Disciplinar» no es lo mismo que «castigar». Castigar es descargar rabia, lastimar; en cambio, disciplinar es poner un límite para que nuestros hijos guarden dentro de sí dos palabras poderosas: «sí» y «no». Como padres nunca tenemos que castigar físicamente. No sirve darles collejas ni retorcerles la oreja, porque eso genera resentimiento y violencia. Es posible que el castigo físico resulte por un tiempo, pero a largo plazo ese chico se va a portar muy mal, porque habrá acumulado mucha rabia.

Una mirada puede marcar el límite con mucha precisión: «Te estoy cuidando, por eso no pases esta línea.» Es un límite de cuidado y no de represalia. Junto con el límite siempre tiene que estar la contención para que el mensaje no se confunda: «Hay sanción, pero el cariño no está en juego.»

«¡Nunca me pusieron límites!»

Si esto es lo que tu hijo adolescente reclama, tienes que hacerte cargo. Empieza a ejercer tu rol de adulto y a poner límites, ¡nunca es tarde! Dile al adolescente: «Me hago cargo de mi error, y como sigues bajo mi cuidado, voy a empezar a poner límites ahora.»

Los límites construyen una relación con nuestros hijos, son necesarios ya que brindan coherencia, seguridad y tranquilidad. Un joven que es tímido o, por el contrario, agresivo e impulsivo, es una persona a la cual no le han puesto bien los límites. Cuando un hijo sabe qué puede hacer y qué no puede hacer, entonces crece con libertad.

En la niñez el límite apunta a la conducta individual. Por ejemplo: «Tienes que lavarte los dientes», «Hay que bañarse todos los días», etc. En la adolescencia el límite tiene que ver con el comportamiento social.

Veamos algunas ideas prácticas a tener en cuenta para definir los límites de tu hijo adolescente:

1. **Ofrece razonabilidad.**

   Dale a tu hijo una explicación pormenorizada del porqué del límite. Sin embargo, nunca trates a tu hijo adolescente como un adulto, porque si lo haces no podrás ponerle límites.

2. **Ayúdalo a que asuma tu lugar de adulto.**

   El adolescente suele disputar ese lugar con sus padres. Por eso, para que la agresividad por ese espacio sea menor, es importante que tu hijo te vea en un espacio de adulto.

3. **Pon límites y negocia.**

   La fórmula «límite + negociación» fortalece el diálogo y apela a la razonabilidad.

Pero, ¡atención!: si tu hijo a los cuarenta años todavía se comporta como un adolescente y dice que es culpa tuya por no haberle puesto límites, tiene que saber que una persona de más de veinticinco años ya no puede pasarles factura a sus padres. Madurar y corregir errores ya será problema suyo, por lo que tranquilamente puedes responderle: «Tienes cuarenta años, ya venció el plazo de echarme la culpa.»

Enseñar con el ejemplo

A los niños pequeños es útil planificarles cómo va a ser su día, es decir, confeccionarles una agenda donde figuren las actividades que deberán hacer, por ejemplo, levantarse a tal hora, ir a la escuela, acompañarte a hacer un recado, ir al club, etc. En esa agenda tiene que haber responsabilidades de acuerdo a la edad del niño, como poner la mesa, sacar la basura, ordenar su cuarto o hacer alguna compra. No olvides que siempre tienes que darles más tareas de las que quieras que hagan, porque si les pides una, es posible que no hagan ninguna. También es importante que incluyas en la agenda un tiempo de descanso en que el niño pueda hacer lo que quiera. Si no le enseñas a tu hijo desde chico a tener responsabilidades, cuando quieras que las tenga de adolescente, habrás llegado tarde.

Recuerdo el día que mi hija mayor, en aquel momento de unos siete u ocho años, se acercó a preguntarme qué era un preservativo. Yo acababa de escribir el libro *Educación sexual para la familia* y estaba en la localidad de Morón, en la provincia de Buenos Aires, dando una charla. «Papá, ¿qué es un preservativo?», inquirió. Le expliqué que se trataba de una bolsita que se coloca en el pene del hombre para no producir un embarazo. Ella miró el libro que yo estaba presentando y dijo: «Está bien. Es lo mismo que pusiste aquí», y se fue.

Los padres somos prisioneros de las conductas
que les queremos enseñar a nuestros hijos.

No les digas a tus hijos que la vida es hermosa, demuéstraselo; no les digas que sean fuertes, demuéstraselo. Da el ejemplo, no les podemos dar a nuestros hijos lo que no nos damos a nosotros mismos.

Se cuenta que una mujer fue junto con su hijo a ver a Gandhi. Este le preguntó qué quería y la mujer dijo: «Quiero que consiga que mi hijo deje de comer azúcar.» «Traiga usted otra vez a su hijo dentro de dos semanas», le respondió Gandhi.
Dos semanas más tarde la mujer volvió con su hijo.

Gandhi se volvió y le dijo al niño: «Deja de comer azúcar.» La mujer, muy sorprendida, le preguntó: «¿Por qué tuve que esperar dos semanas para que usted le dijese eso? ¿Acaso no podía habérselo dicho hace quince días?» Gandhi contestó: «No, porque hace dos semanas yo comía azúcar.»*

PREGUNTAS

- **¿Cómo puedo enseñarle a mi hijo a ser responsable?**
  Lo primero que tienes que hacer es ejercer la responsabilidad tú mismo. Muchos padres y madres pretenden enseñar a sus hijos una conducta que ellos mismos no siguen; por ejemplo, les dicen a gritos: «¡No grites!», o mientras ellos comen croquetas con huevo frito y patatas fritas, les aconsejan: «Cuando salgas con tus amigos come sano.» Si pretendes enseñarle a tu hijo responsabilidad, es tiempo de que cuestiones tu propia conducta.

- **¿Por qué algunos padres eligen el silencio como una forma de castigo?**
  Un padre que se enoja con un hijo de ocho años y deja de dirigirle la palabra tiene un problema, porque él debe ser el adulto, física y emocionalmente hablando. No ejerce violencia física contra él, pero al no hablarle está castigándolo sin darle oportunidad de entender qué pasó y de enmendar su conducta.

* *http://www.autorizadored.es/la-historia-de-una-madre-el-azucar-y-gandhi/*

NUDO MENTAL 22

ESTOY EN CRISIS

Idea liberadora:
Manejar crisis y tormentas: en la calma disfrutar,
en las crisis pensar

Cuando conduce un avión el piloto está al mando. En caso de una tormenta, es decir, de una crisis, se le activarán, como a todos nosotros, los mecanismos fisiológicos del estrés de los que se encarga el sistema nervioso simpático, el impulso de «luchar o huir» (aceleración del corazón y del pulmón, aumento de la visión, inhibición del estómago y acción intestinal superior al punto de que la digestión se ralentiza o se detiene, dilatación de los vasos sanguíneos de los músculos, etc.). Literalmente no pensamos, solo actuamos, ya que estos son mecanismos que se activan en momentos de crisis. Sin embargo, cualquiera de estos mecanismos pondría en riesgo el avión. Entonces, lo que hace el piloto es activar su capacidad de raciocinio para resolver el problema.

Estar «al mando» no es estar «en control»,
porque no podemos controlar las circunstancias,
sin embargo, sí podemos responder adecuadamente
a lo que sucede.

El sistema nervioso autónomo del ser humano consta de dos mecanismos antagonistas: el sistema simpático y el sistema parasimpático. Mientras que el primero es el responsable del aumento de la actividad del organismo bajo condiciones de estrés, el segundo controla el descanso y la relajación, haciendo que el cuerpo genere calma y equilibrio interior. Estos dos sistemas no pueden actuar al mismo tiempo, es decir, funciona uno o funciona el otro. En caso de crisis, el piloto del avión siempre buscará activar el sistema parasimpático a fin de tranquilizarse para pensar inteligentemente cómo llevar al avión a destino.

Ahora bien, ¿qué deberíamos hacer para activar el sistema parasimpático? Veamos:

1. **Reconocer que estamos nerviosos.**
   Si el piloto dice: «No siento nada, yo soy un experto», niega su miedo, tiene una actitud arrogante que puede llevar a que el avión se estrelle. Si por el contrario dice: «No puedo, ¡socorro!», tiene una respuesta emocional casi infantil. El miedo lo lleva a huir. La actitud de una persona madura es decir: «Sí, estoy nervioso y siento miedo, pero tengo que pensar cuál es el problema y resolverlo.» Al aceptar sus emociones, el piloto se relaja (se activa el sistema parasimpático) y puede pensar en el problema para hallar una solución.

2. Tomar conciencia de que con estrés no se resuelve el problema.

Como dije anteriormente, en una situación de estrés aparece la respuesta lucha/huida, pero ninguna de las dos sirve. Para poder mantener el equilibrio y decir: «Tengo ganas de huir, siento miedo, pero así no se resuelve el problema», debemos enfocarnos en la solución de ese problema y no dejar que el estrés nos gane. Para lograr esto los pilotos tienen que aprender por experiencia, y para eso se entrenan con simuladores de vuelo. Durante el entrenamiento, ellos aprenden que para hacer frente a determinada emergencia es indispensable que actúen racionalmente. En el simulador practican lo que deben hacer en diferentes situaciones de emergencia para luego estar preparados si tienen que verlas en directo alguna vez. Ganar experiencia y aplomo es la clave. No solo para el piloto, también para el cirujano que tiene que operar o para el futbolista que ya no corre como loco en la cancha, sino que está «bien posicionado». La recompensa es excelencia, aplomo y paz. Así como los pilotos de avión tienen que recordar cuál es su rol, tú también has de saber que eres el piloto que hará que tu casa, tus hijos y tu trabajo prosperen, «lleguen a destino». Otros pueden gritar, enojarse, deprimirse y huir, pero tú tienes que tomar conciencia de que con estrés no se resuelve el problema.

En la antigüedad las espadas para la guerra eran forjadas pasándolas por fuego y agua. Las llamaban «espadas dentadas». Si pasaste por tentaciones y pruebas, estás listo para la batalla.

3. **Utilizar la racionalidad para determinar cuál es el problema.**

En la noche, el piloto de avión se guía por los
instrumentos, ellos son el punto de referencia,
el punto «racional» que lo guía.

Supongamos que una mujer entra en una panadería a comprar pan y empieza a gritarle a la dependienta. Ante esta situación la dependienta no tiene que poner el foco en la emoción, sino preguntarse rápidamente: «¿Cuál es el problema?» Si el problema está en el pan, ella podría decirle a la mujer: «Señora, no se preocupe, le cambio el pan, pero no me grite.» En este ejemplo estaría poniendo el foco en el verdadero problema, en lugar de responder con emocionalidad ante los gritos de la clienta.

Manejar las crisis

Hay cuatro tipos de crisis que tenemos que aprender a atravesar:

1. **Crisis evolutivas.**
Son las que todos pasamos, como el paso del tiempo, el paso de los veinte a los treinta, de los treinta a los cuarenta, que traen consigo el noviazgo, el casamiento, la llegada del primer hijo, etc. Para enfrentar estas crisis hay que tener flexibilidad para adaptarse y transformarlas en crecimiento, de lo contrario la rigidez nos mantendrá estancados en esa etapa sin poder pasar a la siguiente. Cada etapa tiene su encanto, el

secreto es encontrarlo y disfrutarlo. ¡No eches el ancla en ninguna etapa de la vida!

2. **Crisis accidentales.**
Son las inesperadas que sobrevienen de repente por fuerzas ajenas a nosotros, por ejemplo, enfermedades, mudanzas, accidentes. Un error común en este tipo de crisis es querer encontrar un culpable. El foco nunca debe ser encontrar un culpable sino activarnos y *hacer algo*.

¿Qué hacer ante una crisis accidental?
- Es útil buscar un colchón afectivo, es decir, tenemos que armar redes afectivas que nos acompañen en esos momentos difíciles.
- La alimentación psíquica (afecto, ternura, amor) es en estas circunstancias tan importante como la alimentación física.
- Usar el FMI, fondo monetario interno, nuestra caja de recursos para sacar las herramientas, las capacidades, el potencial guardado que todos tenemos para afrontar estas situaciones.

Una de las peores amenazas para un submarino es un incendio. El mayor peligro y lo que puede provocar la muerte de las personas a bordo no es el fuego en sí, sino el humo y el dióxido de carbono resultantes de la combustión. Es por esta razón que inmediatamente después de detectado un incendio se pone en marcha un procedimiento llamado «control de averías e incendios». Ya sea que el submarino esté en superficie, en inmersión, en movimiento a profundidad, etc., cada uno de los tripulantes tiene asignada una posición y una tarea específica, por lo que se coloca su máscara y cumple con el rol que tiene asignado para combatir el incendio tal como se ensayó previamente.

3. **Crisis estructurales.**
Son las producidas por nuestro carácter. Por ejemplo, cuando a una persona se la despide de varios trabajos o tiene conflictos con mucha gente, lo más probable es que esa crisis sea provocada por su mismo carácter, por lo que solo puede resolverse con la introspección.

4. **Crisis de cuidado.**
Estas suceden cuando una familia tiene un hijo enfermo o un padre anciano que cuidar. La clave en estas crisis es «cuidar al cuidador», generar un espacio de placer, de diversión, de actividades que energicen al que cuida, a fin de que tenga fuerzas para el momento del cuidado. Es importante que el cuidador busque información profesional para atravesar esa crisis, porque eso lo aliviará y le dará claridad respecto a los pasos a seguir.

Salidas de emergencia

Imagina que estamos en una habitación donde solo hay una salida. Si ocurriese un incendio solo tendríamos una alternativa para escapar, pero si hubiera cuatro salidas, tendríamos más alternativas. Lo mismo ocurre en las crisis: si solo tenemos una salida, estaremos más dificultados para poder escapar. Cuantas más salidas construyamos, más alternativas tendremos para salir de la crisis.

Tres salidas de emergencia que todos debemos construir

- **Tener en la agenda diaria tres cosas que nos llenan de energía.**
  No tenemos que esperar el fin de semana o las vacaciones para hacer las cosas que nos gustan, todos los días debemos hacer tres pequeñas cosas que nos produzcan placer y nos energicen. Dice un refrán griego: «Si usted siempre mantiene el arco tenso, lo romperá.»

- **Las amistades.**
  Cuanto más amplio sea el colchón afectivo, más recursos tendremos para salir de una situación complicada.

- **Los espacios sagrados.**
  Ir a la iglesia, visitar a cierto familiar, ir al gimnasio, salir a correr, etc., son espacios que funcionan como disyuntores. Así como los disyuntores sirven para apagar y evitar la sobrecarga, todos debemos tener varios espacios que nos ayuden frente a las presiones. ¡Valla tus espacios sagrados y no los pierdas por nada!

PREGUNTAS

- **¿Cómo tenemos que actuar si por algún motivo una pelea no pudo evitarse?**
  Es aconsejable esperar un tiempo antes de volver a hablar con nuestro «contrincante». Cuando estemos peleados con alguien, intentemos escribirle una carta a

esa persona, y en lugar de enviarla, guardémosla un par de días para luego releerla. Si seguimos pensando lo mismo, podemos enviarla. ¡Pero nadie envía esas cartas! La racionalidad nos hace ver las cosas con otro enfoque.

- **¿La respiración puede ayudar a tranquilizarme?**
  ¡Siempre! Respira de manera normal utilizando el estómago en lugar del pecho (respiración abdominal). Para comprobar si lo estás haciendo correctamente, coloca una mano en tu estómago y la otra en tu pecho. La mano sobre el estómago deberá levantarse cuando inhales. Respirar concentrándote en cómo inhalas y exhalas el aire te ayudará a tranquilizarte.

NUDO MENTAL 23

CREÉRSELO: EL ORGULLO

Idea liberadora:
Cuanto más sé, aprendo que menos sé

El judo es un arte marcial de origen japonés. Es el sistema de defensa que usa la policía japonesa y el primer arte marcial que fue aceptado en la competición internacional de las Olimpíadas. Según su filosofía, el judo es un camino de aprendizaje constante, y el color de los cinturones simboliza el proceso de instrucción del alumno. La máxima graduación, el cinturón blanco, coincide con la primera. Cuenta una historia que, antes de morir, el creador del judo, Jigoro Kano, reunió a todos sus alumnos y les dijo: «Cuando yo muera quiero que me entierren con un cinturón blanco (el del principiante), porque morir es como volver a empezar.» *

* Historia del judo extraída de Wikipedia.

Ponernos cada día el cinturón blanco de aprendiz nos
hace ser expertos.

Aprender es una búsqueda de toda la vida. La gente exitosa no aprende solo de los errores o de los mentores, aprende de cada evento cotidiano. Cada cosa que vivimos nos puede enseñar algo, cada acontecimiento tiene una semilla de aprendizaje que nos puede servir para pasar al siguiente nivel.

La gente inteligente aprende de cada suceso, se pregunta constantemente: «¿Qué me puede enseñar esto que me está pasando, esta situación que estoy viviendo?» Los orgullosos, los fanfarrones, los narcisistas, los megalómanos, los tontos son los que no aprenden, los que creen que son la última gaseosa del desierto. Cuando somos humildes, nos ponemos el cinturón blanco y decimos «quiero crecer», «quiero mejorar», «¿qué me puede enseñar esto?», estamos listos para aprender y alcanzar el éxito.

Humildad, qué es y qué no es

La palabra «humildad» viene del latín *humus*, que significa «tierra», y es la capacidad de aprender y no alardear, tener un espíritu moldeable, una mentalidad de aprendizaje.

La persona humilde siempre tiene éxito, de modo que es imprescindible que definamos «humildad», un concepto que suele ser muy mal entendido.

La humildad es una actitud interior
de aprendizaje, y el aprendizaje es el camino al éxito.

Ser humilde NO tiene nada que ver con:

- Tener buenas costumbres. Por ejemplo, saludar amablemente es ser educado, pero no implica ser humilde.

- Realizar ciertas tareas. Por ejemplo, hay gente que cree que un multimillonario que limpia el garaje de su casa es alguien humilde.

- Ser inseguro, no tener estima. «No somos nada», dicen algunos, pero eso no es ser humilde.

- El autodesprecio. Decir «Soy un felpudo, no valgo nada» no es ser humilde.

- La pobreza económica. Carecer de dinero, vivir en un barrio marginal o no haber estudiado no implica que la persona sea humilde.

Había una vez una tortuga que quería visitar tierras lejanas. Como sabía que nunca podría llegar tan lejos, persuadió a un par de halcones de que la ayudaran. La tortuga se sujetó con sus mandíbulas a una soga y cada halcón tomó una punta de la soga para alzar el vuelo. El vuelo fue bien hasta que alguien que observaba desde abajo preguntó admirado:

—¿Quién tuvo esa idea?

Sin poder resistirse a la oportunidad de recibir el mérito, la tortuga abrió la boca para decir orgullosamente:

—¡Yo!

Y al decirlo, soltó la soga y cayó rápidamente al suelo.*

¿Hubieras contratado a estas personas?

- No pudo hablar hasta los tres años de edad. Tenía el síndrome de Asperger, un tipo de autismo. No aprendió a leer hasta los nueve años. Sus maestros decían que era «mentalmente lento, poco sociable, un soñador». Le costó el colegio, especialmente las matemáticas, y no era bueno expresándose por escrito. No aprobó su examen de ingreso a la universidad. Su nombre: Albert Einstein, el creador de la Teoría de la Relatividad y descubridor del potencial energético del uranio.

- Era extremadamente tímido. No aprendió a hablar hasta los cuatro años y no pudo leer hasta los doce. Le costó escribir, era malo para las matemáticas y se distraía con facilidad. Sus maestros lo describían como «tonto e hiperactivo». La madre lo sacó del colegio. Era sordo del oído izquierdo y había perdido el ochenta por ciento de la audición del derecho. Su nombre: Thomas Edison. A los ochenta y tres años tenía 1.093 inventos patentados.

- Su ortografía era terrible, su uso de la gramática también. Apenas sabía escribir. Su nombre: George Washington, y fue el primer presidente de Estados Unidos.

* Adaptación de la fábula *La tortuga y los dos patos*, de Jean de la Fontaine. Extraída de *http://www.cuentosdedoncoco.com/2013/05/la-tortuga-y-los-dos-patos-fabula-con.html*

- No era capaz de leer debido a una dislexia severa. A causa de sus dificultades en la lectura, nunca se graduó de la escuela secundaria. Tiene una memoria increíble y hoy es un actor famoso. Su nombre: Tom Cruise.

- Tartamudeaba al hablar y padecía epilepsia. Su nombre: Isaac Newton, y descubrió la ley de la gravedad.

- Tenía un tartamudeo tan grave que desde los ocho años se negó a hablar y a partir de entonces fue funcionalmente mudo. Su nombre: James Earl Jones, conocido actor y la voz de *El Rey León*.

Los que se creen superiores

El que se cree superior a los demás es el que dice, por ejemplo: «Si quieres durar en este trabajo, mírame a mí.» En realidad, esta persona se siente cuestionada por la presencia del nuevo y por eso hace alardes, exagera su pertenencia al lugar y dice: «El que sabe soy yo.» ¿Qué actitud tenemos que adoptar frente al que se cree superior? Acepta su discurso, pero minimiza su impacto. Puedes responderle: «Bueno, de acuerdo», y no prestarle más atención. Tóleralo y no discutas para que no se genere enemistad. No intentes «bajarle los humos», porque al ser inseguro transformará su conducta en agresividad. Tampoco tomes en cuenta sus consejos, porque estarán sesgados por su afecto. Su necesidad emocional de ser mirado por otros no lo hace ser racional y objetivo en los consejos que pueda darte. Recuerda que el que se cree superior, el que siempre dice «yo, yo y yo», tiene inseguridad sobre su conducta y quiere reafirmar su condición. Cualquiera que sea el caso, siempre impacta negativamente, porque vive todo como una competencia, y su mensaje es «yo soy mejor que tú». Un buen líder no necesita exagerar su posición de líder; la humildad es la mejor posición.

Orgullo vs. Humildad

El orgullo anticipa grandes desastres, justamente porque el orgulloso cree que no tiene nada que aprender. La persona orgullosa se enaltece a sí misma, crea un falso yo para ocultar su vacío interior, se cree grandiosa.

El narcisista se cree sumamente importante, considerándose por encima de cualquier persona, incluida su pareja o sus amistades, no sabe decir «no sé», no sabe gestionar su ignorancia. Además, tiene una gran necesidad de sentirse aprobado, respetado y admirado por los demás, que sin duda están obligados a saber lo maravilloso que él es. Le gusta ser el centro de atención y conversación.

Érase una vez una comunidad de animales muy infelices que vivían con temor todos los días de sus vidas. La razón de su bajo estado de ánimo era un león temible que tenía un gran apetito y aparecía aleatoriamente para devorar un animal. Los animales detestaban la incertidumbre y la falta de control que tenían sobre sus propias vidas. Un día tramaron un plan para aliviar su sufrimiento: fueron al encuentro del león rapaz y le sugirieron que iban a seleccionar entre ellos quién sería su próxima comida. De esta manera, el león no tendría que molestarse en salir de su cueva y ellos tendrían por lo menos un cierto sentido de poder personal sobre los acontecimientos. El león era perezoso y codicioso, por lo que fácilmente accedió a esta propuesta. Así que todos los días, a la hora del desayuno, el almuerzo y la cena, los animales tomaban sus palitos y el infeliz que recogía el más corto tenía que presentarse en la cueva del león para ser su próxima comida. Este estado de cosas continuó durante mucho tiempo, hasta que a esta comunidad triste y temerosa llegó un zorro joven e inteligente. Advirtió la baja moral de sus semejantes y les preguntó las razones de su falta de alegría. Al enterarse de la disposición trágica que tenían hacia el león, de inmediato les sugirió que él debería ser la próxima comida.

—¡No! —le gritaron—. Usted no entiende, ¡tiene que ir el que coja el palito más corto!

—Ah, ¡eso no importa! —respondió el zorro—. ¿A qué hora tengo que estar allí?

—A la una —respondieron los animales al unísono.

Después de pedir instrucciones educadamente, el zorro se dirigió hacia la cueva del león. Pero se tomó su tiempo, y cuando llegó, el león estaba fuera de sí de rabia, porque no estaba acostumbrado a que lo hicieran esperar.

—¿Dónde ha estado? —bramó—. ¿Cómo se atreve usted, mi almuerzo, a hacerme esperar?

—Lo siento mucho —dijo el zorro dócilmente—, pero ya ve, ese otro león, el nuevo que se ha trasladado a la zona, quería que fuese su almuerzo. Me negué a su exigencia, y le dije que era el almuerzo de otro león. Así que aquí estoy, listo para que usted me coma.

—Espera —dijo el león—, no tan rápido. ¿De qué otro león me estás hablando? ¡Llévame frente a él de inmediato!

Así, en poco tiempo, el joven zorro terminó guiando al león por el bosque, mientras los otros animales lo miraban asombrados. Lo llevó hasta una antigua cantera en la que había un profundo pozo de agua.

—El otro león vive en el fondo de este pozo, pero debo advertirle que es mucho más fuerte y más feroz que usted —afirmó el zorro.

—¡Ya veremos si es tan fuerte y tan feroz! —rugió el león enfurecido.

Y se inclinó sobre el borde del pozo. En la superficie del agua vio su propio reflejo y supuso que era el otro león que había venido a invadir su territorio. Decidido, se arrojó al pozo. Nunca más se supo de él.

Cómo aprendemos

Aprendemos dos o tres ideas por vez. Por ejemplo, imagina que en una bandeja pequeña llevas dos tazas de café porque no entran más. Si quieres agregar una tercera o cuarta taza, primero has de sacar las tazas que ya están allí. Nuestra mente es como la bandeja: puede aprender dos o tres ideas por vez, no más. Así, aunque un conferenciante o un maestro enseñe catorce ideas, sus oyentes solo recordarán dos o tres.

La humildad es lo que nos permite gestionar los errores de manera sabia. Estabas discutiendo cosas con tus amigos y viste a alguien que en vez de hablar estaba conquistando sus objetivos. Allí aprendiste lo que es perder tiempo discutiendo cosas mientras otros las logran. O quizás esperabas que alguien te llamara, te felicitara, te abrazara, y no lo hizo, entonces aprendiste a no esperar nada de nadie y a darte tú mismo lo que necesitas.

El setenta por ciento del aprendizaje es informal, es decir, que la mayor parte del aprendizaje se produce por observar lo que sucede. Podemos aprender de nuestros errores, de los errores de los demás, de nuestros mentores, de las circunstancias, de todo y de todos.

Cuenta una historia que un joven fue a ver a un sabio para que lo ayudara a encontrar su burro, que había perdido en el campo. Después de pensar un rato, el sabio le dijo:

—Tu burro está junto al árbol que está a orillas del río.

El joven fue hacia allí y, efectivamente, encontró al animal.

—¿Cómo supiste dónde estaba mi burro? —preguntó intrigado.

—Muy sencillo: ¡pensé como burro! ¿Adónde iría a descansar y tomar agua?

PREGUNTAS

- **¿Qué les sucede a los que viven descalificando a los demás?**
  Las personas que constantemente descalifican a los demás actúan por contraste. Ponen lo malo en el otro como una manera indirecta de decir: «Yo soy el bueno.» Estas personas necesitan definirse por comparación con los demás, porque su plataforma emocional es de mucha inseguridad, de baja estima.

- **¿Por qué algunos líderes pecan de falsa humildad?**
  La falsa humildad es lo mismo que el narcisismo y la fanfarronería, pero con una vuelta de tuerca más sofisticada. Por ejemplo, un hombre sumamente exitoso dice: «Yo no soy nadie, no sé nada» para que le respondas: «No digas eso, si eres grande. ¡Y además humilde!»

Nudo Mental 24

NO SÉ BIEN QUIÉN SOY

Idea liberadora:
Saber sumar trae como resultado saber quién soy

Tengo un nombre (Bernardo) y un apellido (Stamateas).
El nombre simboliza «lo mío»; el apellido, «lo heredado».
Solo cuando puedo entender que soy la suma de ambos,
solo cuando me reconozco como «Bernardo Stamateas»,
sé quién soy.

Analicemos ahora las posibles «luchas»:

a. **Soy «Bernardo», no quiero ser «Stamateas».**
   Rechazo todo lo heredado, lo que me transmitieron
   mis padres y abuelos. Hago todo lo contrario a lo
   que me transmitieron y tomo otro camino, renegan-

do de mi herencia. Esta es la postura común en la adolescencia.

b. Soy «Stamateas», no quiero ser «Bernardo».
Tengo miedo de hacer mi camino, de elegir por mí mismo, entonces me refugio en mis padres y sigo sus mandatos, lo que me transmitieron, sin cuestionar ni cambiar nada.

Se plantea una lucha entre «Bernardo» y «Stamateas». Por momentos soy «Bernardo» y por momentos, «Stamateas». Es decir, no sé bien qué es mío y qué no, no tengo claro qué construí yo y qué heredé, los límites están borrosos. La realidad es que soy «Bernardo Stamateas»; en otras palabras, hay una síntesis, una suma de lo que es mío y de lo que heredé. No imito ni me opongo totalmente a lo recibido, sino que tomo lo que me sirve y lo pongo con lo mío construyendo algo único: yo mismo.

Quisiera ser...

Todos tenemos estilos diferentes de funcionamiento, hay personas que hacen cien cosas y otras que hacen cinco. Puedes ser de los que hacen cien o de los que hacen cinco, lo importante es que seas el mejor en lo que hagas. Las suelas de las zapatillas para atletismo utilizan dos tipos de material: en la parte delantera, el que sirve para rebotar e impulsarse hacia delante; en la trasera, el que no rebota pero absorbe el choque con el suelo. Son dos tipos de goma en una misma zapatilla. No hay que comparar, porque las dos cumplen una función específica. La navaja suiza incluye varias herramientas: tijeras, cuchillos, abrelatas, destornilladores. Todas en la misma navaja, pero cada una tiene una función distinta y todas conforman la navaja.

¿Qué pasa con las personas que viven comparándose? Si A se compara con B y le gana, A es mejor que B, pero eso no significa que sea bueno, solo que es mejor que B. Uno es bueno por definición. La comparación sirve solo si es útil para mejorar, para crecer, para imitar una manera de hacer las cosas bien. Imitar lo bueno es un signo de madurez.

Esto no significa emular a otro, ser su «doble». En la adolescencia la imitación es algo muy común, porque los adolescentes están construyendo su identidad. Pero si esa conducta perdura en el adulto, está mostrando que esa persona no ha desarrollado autonomía, no ha desarrollado un perfil propio y tiene baja estima.

La adolescencia: ¡socorro!

Supongamos que un coche reposta en una gasolinera y luego se aleja. Recorre cierta distancia, vuelve a la gasolinera a repostar y nuevamente se aleja. A medida que va y viene, aprende progresivamente a repostar más combustible y a hacer un recorrido cada vez más largo, hasta que llega a un punto en que llena su depósito y decide emprender un largo viaje, aunque siempre sabe que puede volver a repostar cada vez que lo necesite. La gasolinera es la casa. El hijo aprende progresivamente a distanciarse, a ir saliendo de esta, aunque siempre la casa debe tener el combustible afectivo que necesite.

La etapa de la adolescencia es un período de aprendizaje turbulento, y el núcleo principal es «construir mi identidad»: quién soy, qué puedo, con quién y adónde voy. Así comienza ese proceso que marca la diferenciación y separación de los padres. De ahí viene el «no estoy de acuerdo» de los adolescentes. El adolescente busca que le respondan una pregunta: «¿Me querrás a pesar de que me haga diferente de ti?» Esto es lo implícito en esa etapa. Si los padres lo quieren tal como es, esa turbulencia disminuye y puede crecer en la construcción. De lo contrario, la crisis se potencia para todos. Analicemos tres «depósitos» que los padres pueden brindar a su hijo adolescente para ayudarlo:

1. *Confianza y valores positivos.*
   El adolescente construye su identidad por la negativa: tiene claro lo que no quiere ser («No quiero esto», «No me gusta aquello», etc.). Los padres pueden «atarlos» a la positiva, por ejemplo, decirles: «Confiamos en ti, en tu sensatez, en tu honestidad», «Sabemos que lo vas a hacer bien» o «Estamos seguros de que optarás por lo más sensato». Así les transmiten valores (honestidad, sensatez, etc.) que los harán pensar y tomar buenas decisiones.

2. *Disponibilidad.*
   Es necesario transmitir una y otra vez que los padres estarán disponibles cuando ellos necesiten hablar: «Te veo mal, cuando quieras hablar, avísame», o «Sabes que siempre puedes contar conmigo». Cuando haya que corregir, se puede decir: «Yo creo que se puede hacer de esta manera», o «Yo habría hecho tal cosa».

3. *Respeto por sus ideas.*
   El adolescente quiere tener sus «propias ideas» y, excepto en el tema de drogas, alcohol y otros asuntos muy puntuales (sobre los que necesitamos dejar muy

claro que son malos), para ciertos asuntos podemos ver la tele o películas y generar debates pidiéndoles su opinión al respecto. Mostrar ese respeto y a veces nuestra opción puede ayudar a seguir construyendo y contestando la gran pregunta: «¿Me quieres aunque me muestre distinto y diferente de ti en todo?» La construcción de la identidad es un proceso que no termina el día en que el joven dice: «Hola, mamá, papá, ya maduré, gracias por todo», sino que es una etapa de crecimiento de los chicos y de resistencia por parte de los padres.

«Marcar mi piso»

Si subes a un ascensor en el que hay otras cuatro personas, pero no marcas el piso al que vas, ¿qué crees que sucederá? El ascensor irá hasta el primer piso que está marcado, luego al siguiente, y así subirá y bajará deteniéndose en cada piso que marquen los nuevos ocupantes que suban. Si no marcas tu piso, serás llevado arriba y abajo, adonde otros (no tú) quieren ir.

El problema no son los otros, sino tú, que no marcaste el piso al que querías ir. En la vida tienes que estar bien plantado, seguro, determinado en lo que quieres y hacia dónde vas. A esto se lo conoce como *asertividad*. Las personas asertivas nunca están mirando a los otros ni se comparan con los demás, sino que se ocupan de romper su propio límite, de competir con ellos mismos.

El que compite con los otros busca aprobación,
el que compite consigo mismo busca la grandeza.

No tienes que buscar ser el mejor sino superarte a ti mismo. Superarte a ti mismo es sacar de tu interior algo que aún no sacaste.

¿Qué tienes que hacer para ser asertivo?

- **Aprender a decir «Sí, quiero lograr esto».**
  Ciertas oportunidades hay que ganárselas. Hay personas que dicen: «Gracias por darme una oportunidad», pero las oportunidades no se regalan, hay que ganárselas. Tenemos que aprender a ganar el espacio, el aumento que queremos, y esto lo logramos compitiendo nosotros mismos, haciendo un esfuerzo por superarnos. ¡Toma seriamente el deseo de mejorarte!

- **Aprender a decir «no» sin enojo.**
  Es importante que podamos decir «no» sin emocionalidad, en un tono normal, porque cuando decimos «no» enojados estamos invitando al otro a pelear, y ese no es nuestro objetivo.
  Tal vez te cueste decir «no» a los demás por miedo al rechazo. Pero decir «sí» cuando en realidad queremos decir «no» puede conducir a la tensión, al resentimiento y a la ira. Muchas personas tienen problemas para decir «no» porque tienen una serie de inútiles creencias acerca de decir «no», de poner límites. Recuerda que *los límites no limitan sino que liberan.*
  Por ejemplo, si te hacen un ofrecimiento que no te interesa puedes decir «no» siendo cortés, respondiendo algo como «No, pero gracias por preguntarme». No te disculpes exponiendo los motivos por los que dijiste que no.

Recuerda estos derechos y ejércelos:

- Tienes derecho a decir «sí» y a decir «no» a lo que no quieras.
- Tienes derecho a decidir a quiénes incluyes y de quiénes te alejas.
- Tienes derecho a decidir quién se te acerca y quién no.
- Tienes derecho a alejarte del que te descalifica. ¡No tienes por qué escucharlo!
- Si alguien te maldice, puedes levantarte e irte. No escuches lo que no quieres oír, y si no puedes irte, no oigas, bosteza.
- Tienes derecho a pedir que retroceda un poco a quien no respeta tu límite físico y se te acerca demasiado.
- Tienes derecho a no contestar preguntas de índole privada (sexo, dinero, etc.). Puedes responder: «Es un asunto privado, no me interesa hablar del tema.»
- Tienes derecho a equivocarte y a hacer cosas tontas como caerte, reírte o vestirte mal.
- Tienes derecho a juntarte con quien quieras.

PREGUNTAS

- **Hay personas que dicen: «Yo soy así, es mi esencia, no puedo cambiar», ¿eso es cierto?**
  Lo cierto es que somos «lo heredado», que no podemos cambiar, y lo «aprendido», que sí podemos cambiar, de manera que no podemos cambiar nuestro aspecto físico, pero sí es absolutamente posible cambiar nuestra conducta.

- **Vengo de una familia de abogados, pero yo quiero ser distinto de mis padres, ¿cómo puedo lograrlo?**

No se trata de «ser» distinto», hay que «tener una actitud distinta», eso es elegir. Una persona no se diferencia de los padres por la vocación, sino por elegir qué es lo que quiere ser.

Nudo Mental 25

LLEVARME MAL CON LA GENTE

Idea liberadora:
Construir puentes con empatía

---

*Un puente sirve para conectar el punto «A» con el punto
«B», permitiendo así el paso de gente, cosas, etc.
Con mis palabras puedo construir un «puente» o un
«muro». Con sabiduría construyo puentes, sin sabiduría
construyo muros.*

Una vez un periodista le preguntó a Andrew Carnegie
cómo había hecho para contratar a cuarenta y tres millonarios. «Cuando los contraté no eran millonarios», respondió
Carnegie. Entonces el periodista quiso saber: «¿Cómo hizo
para desarrollar a estos hombres para que se convirtieran en
líderes valiosos?» Carnegie respondió: «A los hombres se
les desarrolla de la misma manera en que se explota una

mina de oro. Hay que remover toneladas de tierra para obtener una onza de oro. Pero usted no entra en la mina en busca de la tierra, usted va buscando el oro.»*

Remueve la tierra y busca el oro en tus hijos, en tu pareja, en tus amigos.

Los puentes se construyen con *empatía*. La empatía es un vínculo con el otro, es ponernos en su lugar, sentir lo que siente, comprender sus sentimientos, captar al otro, sintonizar con el otro.

En los zapatos del otro

Un grupo pequeño como la familia o el grupo de trabajo se lideran con empatía, por eso es importante que sepas empatizar. Cuando un niño está jugando en el colegio y se lastima, otros chicos siguen jugando, pero hay uno que se le acerca y lo abraza. En ese grupo de niños ese es el que tiene más empatía. Si una niña en el colegio pierde el lápiz y una compañera la ayuda a buscarlo, esa niña que ayudó a buscar el lápiz es la que tiene más empatía.

Ponernos en los zapatos del otro sin fusionarnos y tomar una distancia para ver cómo podemos ayudar requiere un entrenamiento, necesario para tener una buena relación e interactuar con los demás, para sintonizar con nuestra pareja, en el trabajo, en la vida social.

A menos empatía, más individualismo y menos solidaridad; a más empatía, menos maldad.

* John C. Maxwell, *Capacitación 101*, Editorial Caribe, 2004.

La gente mala que engaña, roba, miente, tiene un bajo nivel de empatía, porque una persona que tiene empatía no le hace al otro lo que no le gusta que le hagan a ella. Se ha descubierto que cuando disminuye el nivel de empatía de una persona, aumenta su nivel de maldad; y cuando una persona aumenta su empatía, baja su nivel de maldad y también su nivel de individualismo. La empatía es fundamental para poder conectar con el otro.

Tal vez en alguna ocasión te preguntaste: «¿Por qué me traicionaron si yo los ayudé?» En la vida es común hacerse al menos una vez esta pregunta. Veamos un ejemplo para explicar cómo sucede esto.

Supongamos que un empresario tiene una heladería. Para manejar su negocio contrata a un joven que está desocupado. El muchacho cumple con las normas, con las tareas, todo está excelentemente bien. El dueño de la heladería piensa: «¡Qué buena persona!, ¡qué trabajador!» Sin embargo, cuando el muchacho logra cierta tranquilidad y estabilidad en «su trabajo», cuando ya tiene dinero para comer, vestirse, etc., y tiene su yo fortalecido, salen a la luz dos características que estaban escondidas.

La primera es el narcisismo. Comienza a decirse: «Este negocio vende helados porque yo soy un genio», «Este negocio vende helados porque yo trato bien a la gente», «Este negocio funciona porque yo me mato trabajando». Este sentimiento de omnipotencia ya estaba en él, lo que sucede es que antes, al no tener trabajo, su «yo» estaba desestructurado.

La segunda característica es la psicopática, que lo lleva a pensar: «Me voy a quedar con los clientes, voy a abrir una heladería en la esquina y le voy a hacer la competencia.» Todas las características de traición, engaño y maltrato son rasgos psicopáticos que salen a la luz. Mientras este muchacho estaba mal, su narcisismo y su psicopatía estaban escondidos; pero una vez que se estructuró salieron a la luz. No solo las crisis sacan lo peor de nosotros; a veces, cuando estamos bien, sale lo peor de nosotros.

Ahora bien, ¿por qué el dueño de la heladería no lo vio? Porque al querer ayudar a este muchacho su narcisismo obtenía una enorme «gratificación». No podía ver las características que luego salieron a la luz. Cuando uno se para en su narcisismo, no puede ver el narcisismo del otro. Mi egoísmo no me permite ver el egoísmo del otro. Ambos se nutrieron del narcisismo. Uno al ayudar y el otro al mostrarse débil.

¡No te olvides de dónde te sacó Dios, para que el orgullo no te mueva del lugar en el que Él te puso!

¿Cómo puedes prevenir que te traicionen?
a. Ayuda como si fueses dos.
b. Acota la ayuda a una o dos veces solamente.
c. Ponle fecha de vencimiento al éxito, prescríbelo. Eso te brinda empatía para ver mejor.

Jueces de los demás

Muchas veces las experiencias duras nos despiertan misericordia hacia otros. Solemos juzgar a otras personas hasta que nos toca atravesar por la misma circunstancia que ellas pasaron. Justo entonces vemos el tema de otra manera. Por ejemplo, muchos han juzgado el divorcio de otros hasta que tuvieron que divorciarse de su pareja; solo entonces vieron el divorcio de otra manera.

¿Por qué hay personas que actúan de jueces de los demás? Las personas que concentran su atención en juzgar a otros tienen tres objetivos:

1. **Salirse de la escena.**
   Las personas que temen dejar a la vista algún defecto invitan al otro a exponerse («No hablemos de mí, mejor hablemos de ti») y se enfocan en los defectos de los demás.

2. **Mandar el mensaje: «Yo soy mejor que tú.»**
   Las personas que constantemente descalifican a los demás actúan por contraste. Ponen lo malo en el otro como una manera indirecta de decir: «Yo soy el bueno.» Estas personas necesitan definirse por comparación con los demás, porque su plataforma emocional es de mucha inseguridad, de baja estima.

3. **Generar la dinámica de amo y esclavo.**
   Si a un jefe le gusta castigar a los empleados, se comporta como juez y dice: «Aquí se hace lo que yo digo y punto», lo único que logra es que le mientan. Cuando pregunte: «¿Quién hizo esto?», nadie se hará cargo y dirán: «Yo no fui, fue Fulano», porque cuando los errores se sancionan, lo único que se logra es que las personas los escondan, los tapen y los proyecten en otros. El error tiene que enseñar, no castigar. Su falta de empatía rompe el aprendizaje y el crecimiento del grupo.

¿Qué hacer con los que atacan con su malestar? ¡Responder con empatía!

El periodista David J. Pollay contó una historia que dice así:

Me subí a un taxi rumbo a la Estación Central del ferrocarril y cuando íbamos por el carril de la derecha, por poco nos estrellamos con un coche que así de repente y de la nada salió como un bólido de donde estaba estacionado. El conductor del taxi en el que iba alcanzó a frenar, el taxi derrapó y casi chocamos con el que quedó frente a nosotros. Después de esto, el conductor del otro coche, el tipo que casi causó el accidente, asomando la cabeza por la ventanilla, comenzó a gritarnos una cantidad horrible de insultos.

Todavía recuperándome del susto, lo que acabó de sacarme de mis casillas fue la actitud del chofer, quien en forma extremadamente amistosa y cortés le sonreía y saludaba con la mano al conductor del otro coche. Yo estaba furioso y confundido, pero no me quedé con las ganas y le pregunté por qué se ponía a sonreír y saludar al tipo que casi nos hizo chocar, arruinar su taxi y posiblemente hasta enviarnos al hospital. Entonces, el taxista con voz pausada me contó lo que ahora yo llamo la «Ley del camión de basura»:

—Mire —me dijo—, ¿ve aquel camión de basura?

—Sí, ¿y eso qué tiene que ver?

—Pues, así como esos camiones de basura existen, hay muchas personas que van por la vida llenas de basura, frustración, rabia, y decepción. Tan pronto como la basura se les va acumulando necesitan encontrar un lugar donde vaciarla, y si usted los dejara seguramente le vaciarían su basura, sus frustraciones, sus rabias y sus decepciones. Por eso cuando alguien quiere vaciar su basura en mí, no me lo tomo como algo personal; sonrío, saludo, le deseo todo el bien del mundo y sigo mi camino. Hágalo usted también, le agradará, se lo garantizo.*

* *http://www.rinconpsicologia.com/2013/12/la-ley-del-camion-de-basura-como-evitar.html*

Cada vez que alguien venga a tirarte su basura, dile «gracias» y sigue adelante. ¡Usa la «Ley del camión de basura»!

PREGUNTAS

- **¿Por qué hay personas que dicen defender el bien y la verdad, pero lo hacen condenando a los demás?**
  El propósito de esas personas no es decir la verdad, sino que tienen un objetivo encubierto: agredir. Dicen: «Yo defiendo la verdad», pero al mentirse con respecto a su agresividad, al negarla, son los primeros en faltar a la verdad. Son, sin duda, las personas menos indicadas para hablar de los demás.

- **¿La empatía es algo natural en las personas o es algo que se aprende?**
  Los humanos somos seres gregarios, nos relacionamos unos con otros, y, por lo tanto, tendemos a ser empáticos. La solidaridad, por ejemplo, es un signo de empatía. Todos nacemos con esa capacidad de empatizar, de ver el mundo como el otro lo ve, sin embargo, es indispensable que desde chicos aprendamos a desarrollarla.

Nudo Mental 26

NO SÉ QUÉ HACER CON MI VIDA

Idea liberadora:
Distinguir profesión de vocación

---

*Imaginemos tres médicos, uno médico investigador,
otro médico director y el tercero médico clínico.
¿Cuál es su profesión? Los tres son médicos,
tienen la misma profesión.
¿Cuál es la vocación de estos tres hombres?
Tienen tres vocaciones diferentes: para el médico
investigador la vocación es la curiosidad, porque disfruta
indagando, estudiando, observando; para el médico que
dirige una clínica la vocación es dirigir, liderar, ya que le
atrae el poder, la influencia o el reconocimiento; por último,
para el médico que atiende pacientes su vocación
es el servicio, ayudar, curar
a otros.*

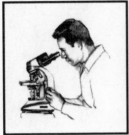  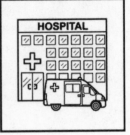

La profesión tiene dos objetivos:

- Proveer
- Ejercer la vocación

Si no satisfacemos al menos uno de estos dos objetivos nos sentimos frustrados. Pensemos en un antropólogo: no gana mucho dinero, pero trabaja en lo que le gusta, ejerce su vocación. Consiguió uno de los objetivos. Otro ejemplo podría ser el de un taxista: gana dinero, aunque conducir un taxi no es su vocación. También logró un objetivo. El gran problema viene cuando la persona no gana dinero ni practica su vocación. Si no obtenemos ni vocación ni dinero es imprescindible que busquemos una actividad que genere satisfacción. Por ejemplo, podemos compensarlo con un hobby. Así, un taxista que trabaja doce horas diarias y no gana suficiente dinero, dedica unas horas a la semana para poder cultivar su hobby. Entonces, aunque no es lo ideal, lo contrarresta con esa actividad que le resulta placentera.

El famoso entrenador de fútbol José Pekerman fue taxista circunstancial durante cuatro años. El oficio le permitía ganar un dinero que invertía en su vocación, el fútbol, al que se dedicaba simultáneamente como entrenador de divisiones inferiores.

La profesión es *consciente*, mientras que la vocación es

inconsciente. La vocación va mutando y es necesario oír por dentro. Está bien que trabajes para ganar dinero, pero en algún momento tu vocación va a aparecer.

Adictos al trabajo

La adicción al trabajo esconde una carencia inconsciente (afectiva o vocacional). Si la persona no descubre cuál es su verdadera necesidad, la adicción irá en aumento.

Un hombre «adicto al trabajo» refuerza su rol de proveedor, porque se siente extraño en casa, es lo único que sabe hacer, tal vez le cueste disfrutar de sus hijos. Perder el trabajo le significaría perder también su rol.

Recuerda esta vieja anécdota:

> *El hijo le dice al padre que quiere ir al circo que llegará al pueblo y el padre promete llevarlo. El día que va a llevar a su hijo al circo lo llaman del trabajo. Entonces le dice al niño: «Hijo, el circo va y viene.» El niño le responde: «Es cierto, el circo va y viene, pero mi infancia no.»*

Imaginemos, por ejemplo, una pareja joven que tiene un hijo. Él empieza a enfatizar el rol de proveedor, trabaja todo el día, y ella provee afectivamente. Ella quiere que él provea afectivamente, pero él se aleja porque está cansado. La lectura de la situación que hace ella es que él «es un egoísta», mientras que él dice «yo me mato trabajando». Ella quiere empatía y cariño, y como él no se los brinda, ella cree que no le interesa como mujer, imagina que él ha puesto los afectos en otro lado y se enoja. Ella siente que ella provee y él no. Sin embargo, él no es adicto, simplemente no interpreta que no es el dinero, sino el afecto, lo que hace falta.

PREGUNTAS

- **Soy cajero de un banco, mi trabajo es rutinario y monótono, ¿cómo hago para disfrutarlo?**
No veas tu trabajo como una traba, sino como algo que financia eso que sí te gusta hacer. Por ejemplo, el dinero que ganas como cajero te sirve para comprarte la raqueta para jugar al tenis, que es lo que más te gusta. Piensa que si no disfrutas de lo que haces, lo que sí te da placer no lo vas a disfrutar.

- **¿Puede considerarse una adicción dedicar muchísimo tiempo a hacer lo que me da satisfacción?**
Hacer lo que te gusta puede causarte presión, pero no te estresará. Por ejemplo, un cirujano cuando opera está bajo presión, pero no se angustia ni se estresa porque él eligió esa profesión y la disfruta. Hacer lo que en verdad amas es «adrenalizante», pero nunca angustiante o agotador.

Nudo Mental 27

EL PASADO DOLOROSO

Idea liberadora:
Construir un camino distinto del vivido

---

*Supongamos que viví una experiencia dolorosa en mi
pasado, por ejemplo, fui una persona maltratada.
¿Qué hago con ese pasado doloroso?*
Opción 1
*Volverme un maltratador y repetir lo que viví. Lo hacemos
cuando, sin darnos cuenta, volvemos a repetir esa mala
experiencia en nuestro presente. De esta manera, lo
doloroso vuelve una y otra vez. Por ejemplo, fui
abandonado por mi padre y lo repito en el abandono de mi
pareja, mi hijo, mi amigo, etc.; o fui rebelde con mi madre y
ahora me rebelo contra mi jefe, mi líder, etc.
Es decir, viví A y ahora repito A-A-A
con otras personas, continuando así mi historia
de dolor.*

Opción 2

Tomar el camino contrario. Viví una situación de abandono, entonces, como no soporto el mínimo de ausencia, ahora formo una pareja apegada o me adhiero a mis amigos. O quizá viví una infancia sin afecto y entonces ahora me vuelvo hiperafectuoso. Sin embargo, sigo atado a A, porque parto de ahí para construir mi vida.

Opción 3

Elegir una nueva alternativa, pararme en mi libertad y construir un camino sano.

Coleccionar buenos recuerdos

Se cuenta que un hombre estaba cansado de que su jefe lo maltratara. Así fue que un día decidió guardar una piedra que le hiciera recordar cada insulto, cada desprecio, cada humillación que el jefe le hiciera. Esa sería su forma de no olvidar tanto abuso y reclamar justicia. Así, día tras día, en el bolsillo de su chaqueta fue guardando piedras que le recordaran los agravios de su jefe. Pero al cabo de cierto tiempo y a causa del peso, el bolsillo de la chaqueta se le rompió. Entonces el hombre se compró un maletín grande y allí siguió colocando piedras. Cuanto mayor era la injuria por parte de su jefe, más grande era la piedra que guardaba. El maletín se puso tan pesado que el hombre adquirió una maleta de viaje con ruedecitas para guardar más piedras. Todos los días arrastraba su maleta cuando iba al trabajo y todos los días regresaba a casa con más piedras. Un día, el jefe estalló en risas al ver a su empleado arrastrar semejante maleta: «¡Usted sí que es un verdadero idiota!», le dijo. Ya no tenía espacio en los bolsillos, en el maletín ni en la maleta con ruedecitas, así que el hombre decidió empezar a guardar piedras en su casa. ¡Él debía hacer memoria de cada injusticia o cada insulto! Como su jefe lo seguía maltratando, en poco tiempo la casa del hombre comenzó a llenarse de piedras. Había piedras en el jardín, en la cocina, en la sala, en el dormitorio y hasta en el baño. El tiempo pasaba y día tras día el hombre iba a su trabajo con los bolsillos, el maletín y la maleta llenos de piedras, y regresaba a su casa, donde ya no cabía una piedra más. Una tarde, mientras el hombre estaba sentado sobre un montón de piedras en su jardín, pasó alguien que resultó ser geólogo. Impresionado por la cantidad y variedad de ejemplares, el geólogo hizo correr la voz y rápidamente profesores, decanos, adjuntos, doctores y estudiantes de geología llegaron hasta la casa del hombre para admirar su bellísima colección de piedras. «¿Es usted un geólogo experto? ¿Cómo consiguió hacerse con una colección de piedras tan completa?», le preguntaron. Un poco avergonzado, el hombre les contó que todo había empezado con una piedrecita que guardó para recordar que lo habían agraviado. Cuando su jefe volvió a insultarlo guardó otra y después otra más. Tantas veces lo había agraviado su jefe que su casa se terminó llenando de piedras. «¡Qué triste es su historia, señor!», comentaron los geólogos, sorprendidos, y se retiraron del lugar.

Ocho meses más tarde, los geólogos volvieron con nuevos alumnos a visitar la colección de piedras del hombre, pero al llegar a la casa observaron que ya no había ninguna piedra y todo el jardín estaba repleto de flores. Cuando llamaron a la puerta y el hombre los recibió, se asombraron al ver que el interior de la casa también estaba lleno de flores de todos los tamaños y colores. ¡Incluso tenía flores sobre los zapatos que calzaba! Al ver la *cara de desconcierto de los geólogos, el hombre explicó: «Yo juntaba una piedra por cada agravio, por cada dolor, pero ustedes me hicieron reflexionar. Resolví que en vez de guardar piedras por cada agravio, ahora plantaría una semilla por cada cosa bonita que me pasara. Por eso cambié mi colección y ahora reúno flores.»*

Es hora de que empecemos a coleccionar buenos recuerdos.

De carbón a diamante

En el programa del periodista Alejandro Fantino tuve la alegría de conocer a uno de los mineros chilenos que quedaron atrapados setecientos metros bajo tierra. ¡Tan solo imaginar lo que debió de ser causa escalofríos! Fue apasionante escucharlo narrar cómo hicieron para sobrevivir a tan difícil experiencia, lo que muestra que todos tenemos un FMI, un «fondo monetario interno», recursos que ni nosotros sabemos que tenemos y que solo usamos en caso de crisis graves.

En toda dificultad reside siempre una oportunidad, una lección para aprender, para crecer. Cada vez que logramos atravesar una situación difícil y no quedamos atascados en ella, nos fortalecemos y nos transformamos positivamente. A esa capacidad de enfrentar con eficacia situaciones difíciles se la conoce con el nombre científico de «resiliencia».

Resiliencia es la capacidad de hacer las cosas bien a pesar de las condiciones adversas, es salir fortalecido de la prueba, es resistir a la presión y los obstáculos, es estar preparado para momentos difíciles.

Leí sobre un niño que vio cómo se ahogaba su hermanito menor. El impacto emocional fue tan fuerte para él que ese mismo año desarrolló glaucoma. Su familia no tenía dinero para costear el tratamiento que podía salvar su vista, por lo que el niño quedó ciego. Su madre comenzó a sembrarle la idea de que, a pesar de ser ciego, su cerebro estaba en perfecto estado. Esto lo ayudó a sacar fuerzas de su FMI. Ingresó en una escuela para ciegos, pero como era afroamericano no lo dejaron participar en muchas de las actividades. Este niño creció y llegó a ser un músico de fama mundial. Su nombre es Ray Charles.

¿Sabías que los diamantes provienen del mismo carbón con que hacemos el asado? Con la aplicación de temperaturas extremas (aproximadamente 1.100 °C) y una presión equivalente a miles de veces la atmósfera de la Tierra, el carbón que se encuentra bajo la tierra termina convirtiéndose en diamante. Del mismo modo, todas las opresiones, luchas, crisis y problemas que tengas que enfrentar en la vida terminarán convirtiéndote en una persona más fuerte, más resistente a las adversidades.

Construcción sólida

En Estados Unidos existen normas de construcción estrictas. Si una persona compra un terreno, no puede levantar una cabaña con maderas y un techo de chapa, eso no está permitido porque si viniera una tormenta y volara el techo, podría ocasionar daños a terceros. Es por esta razón que hay normas de construcción donde se especifica qué materiales se pueden usar y cuáles están prohibidos. Además, cada tanto un inspector controla que las edificaciones se hayan levantado con los materiales aprobados, y en caso de no ser así, aplican multas altísimas.

Cuando construyas tu vida no lo hagas con materiales de descarte, sino con lo mejor. Tienes que construir con madurez para que luego puedas soportar las tormentas de la vida, porque las crisis revelan cuál es el material de construcción y esto tiene que ver con la manera en que reaccionamos cuando nos va mal y cuando nos va bien.

Antes de que un avión despegue siempre se presuriza, es decir, le aplican presión interior para que la presión exterior no lo aplaste. Cada mañana al levantarte tienes que levantar el vuelo bien presurizado. Para aumentar la resiliencia es imprescindible trabajar en nuestra autoestima. Es importante que tengamos en mente que *lo peor que nos puede suceder es pensar mal de nosotros mismos*. Debemos tener una afirmación interior, una confianza de mente y espíritu, una seguridad inquebrantable en nosotros mismos, y también una valorización positiva de los otros.

Preguntas

- **¿Por qué me molesta tanto que me hablen sobre ciertos temas?**
  Según una máxima en psicología, si «reaccionamos mal» es porque ese tema lo estamos llevando mal. Si lo estuviéramos manejando bien, simplemente responderíamos. Si algún tema te altera, pregúntate si en tu pasado hay algo relacionado con eso que todavía tienes que resolver.

- **¿Por qué olvidamos cosas?**
  La función más importante de la memoria es el olvido. Gracias a que olvidamos podemos seguir viviendo, incorporando nuevas imágenes.

Nudo Mental 28

SER IMPULSIVO AL HABLAR

Idea liberadora:
Saber editar es saber qué decir y qué no

---

*Imaginemos que un cámara filma varias horas continuas
de imágenes de una manifestación en la calle. Luego lleva
ese material para ser editado. En el proceso de edición se
«cortan», se retiran las partes de la filmación mal
registradas, las que no sirven al objetivo del programa
o no aportan nada interesante.
Finalmente, se monta una narrativa de la historia
que queremos contar, ataviada con música de fondo,
subtítulos, etc.*

En la comunicación sucede lo mismo: editar lo «malo»
es señal de madurez. Siempre que nos comunicamos con
nuestra pareja, amigos, trabajo, tenemos que *editar* lo que

no aporta, lo que no suma, lo que no contribuye a expresarnos con claridad o no construye.

Una historia cuenta que un poderoso rey tuerto de nacimiento invitó a los tres mejores retratistas de su reino para que pintasen su retrato. Les dijo: «Si hacéis un mal retrato, os castigaré; pero si hacéis uno bueno, os recompensaré muy por encima de vuestros sueños.»

El primer pintor hizo un cuadro que mostraba el ojo ciego del rey. El monarca lo mandó ejecutar porque consideró que le había faltado al respeto. El segundo pintor mostró que los dos ojos del rey eran perfectos. El rey ordenó que fuese apaleado por falsificador y por mostrar algo fuera de la realidad. El tercer pintor, no obstante, retrató al rey de perfil, mostrando en el lienzo tan solo su ojo sano. Este pintor fue nombrado retratista oficial, y se le cubrió de poder, oro y grandes honores.

No hay reglas, todos los casos son diferentes, cada uno tiene que ser «único» para evaluar qué se tiene que editar y qué no. Observemos algunos ejemplos:

- **Editar lo que sé.**

Algunas personas se enorgullecen asegurando que «a mí me gusta decir siempre la verdad; soy frontal y digo todo». Y se lamentan porque «la gente no tolera que diga lo que pienso». Nadie dice toda la verdad todo el tiempo. Las personas que aseguran «yo digo todo en la cara» no tienen empatía, no consideran al otro, o lo consideran muy poco. En pos del «soy frontal» en realidad lo que esconden es que no son capaces de ponerse en los zapatos del otro, no pueden detenerse y evaluar si lo que van a decir sirve, suma y ayuda.

Cuenta un viejo chiste que había tres condenados a muerte en la guillotina. El primero de ellos puso su cabeza y la guillotina no funcionó. ¡Se salvó! Al segundo le pasó lo mismo: puso la cabeza y la guillotina no funcionó. El hombre salió corriendo de alegría. Cuando llegó el turno del tercer condenado, que era ingeniero, dijo: «No se preocupen, yo sé dónde está el fallo.»

Una cosa es ser honesto y otra cosa es ser cruel. Hay personas que se escudan en la verdad para lastimar al otro. No son sinceras ni con ellas mismas, porque su objetivo no es defender la verdad, sino agredir, y entonces montan una escena.

- **Editar el momento.**

Hay cosas que no se pueden decir, están fuera de lugar. Muchas veces no editarlas es ser desubicados. Un ejemplo: en el velatorio de un hombre, una persona se presenta ante la viuda y le dice: «Tu marido me debía dinero, ¿me lo puedes pagar?»

- **Editar cómo lo digo.**

Qué decimos es tan importante como la manera en que lo decimos.

* Historia adaptada de *https://reflexionesdiarias.wordpress.com/ 2008/07/18/ la-guillotina/*

Al regresar de un viaje, una mujer le preguntó a su marido:

—Querido, ¿cómo está mi gatito?

—Se murió —le respondió el hombre de manera tajante.

—¡No me puedes dar semejante noticia de esa manera! —exclamó la mujer, indignada por la crueldad de su esposo.

—Bueno, querida... ¿cómo te lo tendría que haber dicho?

—Podrías haberme dicho: «Tu gatito se subió a la terraza, caminó por la barandilla, se mareó, se cayó y lo arrolló un camión» —respondió la mujer.

—Tienes razón, mi amor, discúlpame —contestó el hombre, arrepentido.

—Bueno, ¿y cómo está mamá? —volvió a inquirir la mujer.

—Tu madre se subió a la terraza, caminó por la barandilla, se mareó, se cayó y la arrolló un camión...

Administrar los silencios es una manera de editar con sabiduría. Si el perro «siempre» ladra, su ladrido pierde el poder de anunciar si sucede algo peligroso o si un extraño entra en casa, porque nadie lo toma en serio. Por su falta de silencios, su comunicación pierde valor.

Sepamos comunicar

Veamos ahora algunas cosas que deberíamos poner en práctica para comunicar con eficacia:

- **Metacomunicar.**
La *metacomunicación* es la comunicación secundaria sobre cómo se entiende una información que se ha interpretado. Cuando alguien te diga algo y no te quede claro qué te quiso decir, pregunta: «A ver si te he entendido bien... ¿Me estás pidiendo tal cosa?» ¡Podríamos evitar muchos problemas si aprendiésemos a hablar de lo que hablamos!

- **Preguntar más, afirmar menos.**
No adivines ni des nada por supuesto. Pregunta en vez de afirmar, en lugar de condenar.

- **Detectar la emoción predominante.**

> *Una señora miró por la ventana la terraza de su vecina y exclamó:*
> *—¡Pero mira qué mujer más sucia! Toda la ropa que colgó está llena de manchas.*
> *Al otro día volvió a mirar por la ventana y otra vez vio la ropa que su vecina había colgado en la terraza.*
> *—Ah, bueno, parece que la vecina hoy se decidió y lavó bien la ropa...*
> *—No, querida —intervino el marido—, yo limpié los vidrios de nuestra ventana.**

- **Prestar atención a lo no verbal.**
No solamente tenemos que prestar atención a las palabras que usamos y en qué momento lo hacemos,

---

* *http://relatoscotidianosfd.blogspot.com.ar/2010/05/sabanas-sucias.html*

sino también al lenguaje no verbal, es decir, el tono con que hablamos, los silencios y el lenguaje corporal. La forma en que saludamos, la fuerza con que damos la mano, si nos cruzamos de brazos, si nos movemos constantemente o prestamos atención, la forma en que miramos a la persona o los gestos que hacemos con la cara. Todo eso es importante a la hora de comunicarnos eficazmente.

- **Buscar el puente, la conexión.**
Nos gusta la gente parecida a nosotros, por eso, buscar las cosas que tenemos en común (el deporte que nos gusta, los hijos, etc.), ver cuál es el puente que nos une, la historia compartida, es fundamental para la comunicación.

- **Cambiar queja por pedido.**
Debemos aprender a expresar lo que queremos como un pedido, sin quejarnos ni reprochar. Por ejemplo, en lugar de decir: «¡Nunca me llamas!», podemos decir: «Me gustaría que me llames más a menudo.»

- **Compartir para persuadir.**
Hay personas que dicen: «A mí me gusta convencer a los demás, soy luchador por naturaleza.» Defender los puntos de vista muchas veces es bueno, pero presionar al otro para que piense como nosotros es una mala técnica que muestra una falta de empatía. Presionar al otro trae hostilidad, pero hablar de tu experiencia trae la sensación de ser escuchado. Si «compartes», «divulgas» o «transmites», muestras que no quieres imponer, convertir o forzar al otro a tu idea, y te saca del lugar de juez. Compartir sin intentar persuadir es

clave, porque muestra respeto, calma, libertad y flexibilidad.

Esta vieja fábula viene bien para ilustrar este concepto:

A buena altura sobre el bosque y ocultos detrás de la densa pantalla de las nubes, el sol y el viento seguían su discusión, que sostenían desde tiempo inmemorial, sobre cuál de ambos era más fuerte.

—¡Claro que lo soy yo! —insistió el sol—. Mis rayos son tan poderosos que puedo chamuscar la Tierra hasta reducirla a negra yesca reseca.

—Sí, pero yo puedo inflar mis mejillas y soplar hasta que se derrumben las montañas, se astillen las casas convirtiéndose en leña y se desarraiguen los grandes árboles del bosque.

—Pero yo puedo incendiar los bosques con el calor de mis rayos —repuso el sol.

—Y yo, hacer girar la vieja bola de la Tierra con un solo soplo —insistió el viento.

Mientras estaban sentados disputando detrás de la nube, y cada uno de ellos profería sus jactancias, salió del bosque un granjero. Vestía un grueso abrigo de lana y tenía calado sobre las orejas un sombrero.

—¡Te diré lo que vamos a hacer! —dijo el sol—. El que pueda arrancarle el abrigo de la espalda a ese granjero habrá probado ser el más fuerte.

—¡Vale! —bramó el viento y tomó aliento hinchando las mejillas como si fueran dos globos.

Luego sopló con fuerza... y sopló... y sopló. Los árboles del bosque se balancearon. Hasta el gran olmo se inclinó ante el viento cuando este lo golpeó sin piedad. El mar formó grandes crestas en sus ondas y los

animales del bosque se ocultaron de la terrible bo-
rrasca.

El granjero se levantó el cuello del abrigo, se lo
ajustó más y siguió avanzando trabajosamente.

Sin aliento ya, el viento se rindió desencantado.
Luego, el sol asomó por detrás de la nube. Cuando
vio la castigada tierra, navegó por el cielo y miró con
rostro cordial y sonriente al bosque allá abajo. Hubo
una gran serenidad y todos los animales salieron de
sus escondites. La tortuga se arrastró sobre la roca
que quemaba, y las ovejas se acurrucaron en la tierna
hierba.

El granjero alzó los ojos, vio el sonriente rostro
del sol y, con un suspiro de alivio, se quitó el abrigo y
siguió andando ágilmente.

—Ya lo ves —dijo el sol al viento—, a veces quien
*vence es la dulzura.**

¡No seas un «voceador», sino un «proclamador» de tu
verdad!

PREGUNTAS

- **¿Decir la verdad es ser cruel?**
  Tomemos este ejemplo: cuando un hijo de tres años
  nos hace un dibujo no le decimos: «¡Qué mamarra-
  cho!» (aunque técnicamente lo sea), sino que excla-
  mamos: «¡Qué bonito!» Sabemos que por tratarse de
  un niño muy pequeño debemos ser cuidadosos y en-
  tendemos que al felicitarlo por su dibujo le estamos

* *http://mitosyleyendascr.com/fabulas/fabula51/*

expresando nuestro amor y agradecimiento por rega-
larnos ese dibujo hecho con todo su corazón. Ahora,
si ese chico tiene veinticinco años y presenta un dibujo similar en la universidad, tiene que estar preparado
para escuchar la verdad.

- **¿Cuál es la mejor manera de persuadir?**
  La mejor manera de convencer al otro es exponer nuestro punto de vista como resultado de nuestra propia
  experiencia. Si pasas de la «argumentación» a la «auto-
  rrevelación», lograrás que el otro se sienta respetado, y
  así podrá escucharte y pensar en la idea que le quieres
  transmitir.

Nudo Mental 29

SER TACAÑO:
CUANDO GASTO ME SIENTO MAL

Idea liberadora:
Dar por el placer de dar

Todas las personas podemos ser un embalse donde
se acumula el agua o un canal por donde el agua circula
del punto A al punto B.

El camino para ser «grande» es servir a los demás, dijo Jesús. Y nosotros podríamos agregar que el camino para creerse superior a los demás es esperar que te sirvan siempre.

¿Qué es «servir»? Servir es ser un canal, un medio, un intermediario de las bendiciones que recibimos del cielo, y no el «fabricante» de las mismas. Es decir, nosotros no somos «los fabricantes de las cosas de Dios», sino «los distribuidores de las cosas de Dios». Tú y yo no nacimos para ser

embalses, para acumular, para atesorar las bendiciones de
Dios, nosotros somos un canal para recibirlas, disfrutarlas
y compartirlas.

El que da siempre es más grande que el que recibe,
porque el que da es el que tiene, y el que tiene es más
grande que el que no tiene.

¿Qué significa servir inteligentemente? Veamos cuatro
ideas fundamentales:

- **Dar por el placer de dar.**
  Si damos por «lástima», porque hay «necesidad» o
  por «culpa», nos transformamos en dependientes de
  los demás. A veces ayudamos a alguien que no lo
  agradece, y quedamos resentidos o frustrados, pensando: «¡No voy a servir nunca más!» Pero cuando
  damos por el placer de dar, entonces ya no es importante si nos lo agradecen o no. Lo hacemos porque
  creemos que es un valor humano que da placer y ple-
  nitud interior a quien lo hace.

- **Haber disfrutado yo mismo de lo que voy a dar.**
  Recuerda que no podemos dar lo que no tenemos. Si
  en un avión ocurre una emergencia, la instrucción es
  primero ponernos la mascarilla de oxígeno y después
  ayudar a los demás. Cuando disfrutamos primero las
  bendiciones, las compartimos con otros «envolvién-
  dolas» con la alegría de haberlas disfrutado.

- **Dar con moderación y específicamente lo que el
  otro necesita.**
  Está bien ayudar en la medida que te pongas límites,

que tengas claro qué te corresponde hacer y qué no, o sea, hasta dónde corresponde hacerse cargo de los problemas de los demás. Tenemos que dar lo que el otro necesita, no más, porque no lo va a valorar y nos sentiremos frustrados. ¡Si necesita un café, no tenemos que darle también el almuerzo y la cena! Dar lo que el otro necesita genera una buena valoración de lo que damos, y el que lo recibe lo disfruta más aún.

Por otro lado, cuando una persona dice: «Yo te ayudo como yo quiero», en realidad no quiere ayudar sino hacer lo que le gusta, es decir, no te escucha, no le importas, solo se interesa por sí misma y por lo que ella quiere.

En un conflicto conviene preguntarse qué valor hay que añadir para ayudar a resolver la diferencia. Tenemos que aprender que la mejor manera de resolver conflictos es añadiendo valor.

Cuentan que en tiempos remotos, cuando la riqueza de un hombre se valoraba según el número de camellos que poseía, los tres hijos de un jeque, una vez muerto este, estaban a punto de enfrentarse porque no había manera de repartirse la herencia.

El padre había dejado escrito que los camellos se repartieran de la siguiente forma: 1/2 para el mayor de los hijos; 1/3 para el segundo y 1/9 para el tercero. Cuando murió tenía 17 camellos, por lo que era imposible repartirse la herencia sin matar y trocear algún camello.

Entonces acudieron al sabio del pueblo en busca de una solución. El viejo sabio les propuso esto:

—Os dejo mi camello, que está ya muy viejo, y una vez repartida la herencia me lo devolvéis. Haré una división justa y exacta de los camellos, que como veis ahora son 18.

Y volviéndose hacia el mayor de los hermanos habló así:

—Tendrías que recibir, amigo mío, la mitad de 17, esto es: 8,5. Pues bien, recibirás la mitad de 18 y, por tanto, 9. Nada tienes que reclamar puesto que sales ganando con esta división.

Y dirigiéndose al segundo heredero, continuó:

—Y tú, tendrías que recibir un tercio de 17, es decir 5 y poco más. Recibirás un tercio de 18, esto es, 6. No podrás protestar, pues también tú sales ganando en la división.

Y por fin dijo al más joven:

—Y tú, según la última voluntad de tu padre, tendrías que recibir una novena parte de 17, o sea 1 camello y parte de otro. Sin embargo, te daré la novena parte de 18, o sea, 2. Tu ganancia será también notable.

El sabio concluyó:

—Por esta ventajosa división que a todos ha favorecido, corresponden 9 camellos al primero, 6 al segundo y 2 al tercero, lo que da un resultado de 17 camellos.

Y tomando el camello que les había dejado en préstamo, dio por concluida la disputa.*

---

* Relatos de *El hombre que calculaba*, escrito por Malba Tahan/ *http://elblogdelmandointermedio.com/2013/11/04/un-ejemplo-de-como-sercreativo-resolviendo-problemas/*

- *Saber que la semilla que damos tiene alcances ilimitados.*

Mientras estaba escribiendo este capítulo me enviaron una foto del camino al Taigeto, uno de los montes más altos de Grecia. Cada año, cientos de personas caminan varios días para llegar a la cima y festejar, bailando y compartiendo agradables momentos. Mi padre hacía cada año ese camino cuando era pastor de ovejas allí en Grecia. Hace poco, un amigo que estaba caminando hacia la cima encontró en medio del sendero una piedra que tenía tallado el nombre de mi padre. Él la había tallado en uno de sus viajes en el año 1951. Mi amigo le sacó una foto y me la envió. ¡Mi emoción fue enorme! Entonces, pensé: «Las vidas son piedras y todos tenemos que dejar una marca en la vida para que quienes vengan atrás puedan ver que dejamos una huella en el camino.»

Creo que eso es servir, que al seguir camino los que vengan atrás puedan decir: «Por aquí pasó, dejó su nombre, y a pesar de los años transcurridos, su marca sigue en pie.»

Las dos caras de la moneda

No pedir es una conducta adolescente mediante la cual la persona quiere mostrar su autonomía, su omnipotencia. Hay gente que no pide afecto, no pide aumento de sueldo, no pide ayuda, no pide que le enseñen, porque dice: «A mí no me gusta molestar», «Me da vergüenza», «Me da miedo», «No quiero que se enojen», pero detrás de todas esas racionalizaciones está la omnipotencia.

La vida es como una moneda de dos caras, en una de las cuales está la omnipotencia. Si solo veo mi omnipotencia, no pido, porque «todo lo puedo». Así, existen personas que dan permanentemente. Hace un tiempo hablé con una mujer que siempre había ayudado a todo el mundo, siempre había colaborado con toda persona necesitada que se cruzaba en su camino, pero un día esta mujer enfermó. Yo le dije: «Tu cuerpo está pidiendo ayuda. Lo que tu boca no pudo pedir por tu enorme omnipotencia lo empezó a pedir tu enfermedad. Ahora te van a tener que cuidar y ayudar, porque tú nunca pediste ayuda.»

Si te cuesta mucho pedirle algo a tu jefe porque es muy poderoso, es probable que te sientas mucho más que él y no le pidas para demostrar tu autonomía.

¿Qué encontramos en la otra cara de la moneda? A los que viven pidiendo. Si la omnipotencia que me hace creer que puedo con todo es un lado de la moneda, del otro está el temor, que me dice que no puedo con nada. Cuando solo veo mis partes temerosas o miedosas, me siento vulnerable, por eso pido ayuda todo el tiempo («Págame un café, tú que tienes dinero», «Ayúdame con esto, que tienes tiempo»), porque no veo mi capacidad.

Cuando vemos nuestra omnipotencia, no pedimos ayuda, y cuando vemos nuestros miedos, pedimos ayuda para todo. Pero cuando aprendemos a ver que tenemos poder, tenemos capacidades, y también temor, es decir, cuando vemos las dos caras de la moneda, vamos a poder pedir y vamos a poder dar. Una persona sana es una persona que pide, pero también es una persona que da.

Saber pedir

No hay nada más bello que dar y todo ser humano necesita hacerlo, pero también tenemos que aprender a pedir, porque todos tenemos un lado de poder y otro de debilidad. Cuando aprendemos que en la vida hay que dar y pedir, así como también explicitar cuando esperamos algo del otro, todo va a funcionar mejor.

Es importante que aprendamos a pedir de la manera adecuada. Muchas veces pedimos las cosas con capricho, con agresión, con indirectas o exigencias: «Tú me debes esto que te pido», y entonces terminamos sin recibir nada.

Hay personas controladoras y manipuladoras que cuando les pides algo no te dan lo que necesitas, sino lo que ellas quieren que recibas. Son gente autoritaria y manipuladora que con su actitud te dice: «Te doy lo que yo quiero porque aquí mando yo.» Tienen muy baja empatía, no logran ponerse en la piel del otro. Otras personas, en cambio, dan y esperan algo a cambio, pero como no lo explicitan, terminan frustradas. Por eso, si das pero esperas que el otro te devuelva algo, tienes que aclararlo para no frustrarte luego. Tal sería el caso de que invites a alguien a cenar y esperases que la próxima semana te pague una cena. Aunque se suele entender como una deuda social, eso no necesariamente implica que el otro deba sentir que tiene una deuda afectiva contigo, es decir, todo dependerá de cómo lo interprete la otra persona, y es probable que no se sienta en deuda. Tal vez estuviste esperando ansioso una llamada de alguien, pero como no se lo hiciste saber, te llama unos días después y tú le dices: «¿Ahora me llamas? Ya no sirve.» A la hora de dar, deja bien claro aquello que esperas del otro. Aprende a explicitar y decir: «Te estoy dando esto, pero también estoy esperando algo de ti.» Exterioriza tus deseos y todo aquello que te gustaría recibir. Si, por ejemplo, quieres que alguien te salude por tu cumpleaños, simplemente dile: «¡Salúdame, por favor, que hoy es mi cumpleaños!» De esta manera, evitarás frustrarte y no te sentirás resentido porque el otro no te dio aquello que tanto estabas esperando.

A veces te frustras porque pides cosas que no son las que realmente necesitas, y por tanto tu necesidad queda insatisfecha. Por ejemplo, dices: «Voy a darme un gusto porque me lo merezco», y lo cierto es que detrás de ese gusto están los verdaderos y profundos deseos que tienes que satisfacer. Otra de las cosas a tener en cuenta a la hora de pedir es ver si el otro te puede dar lo que le pidas. Antes de pedir siempre has de evaluar si esa persona tiene la capacidad de darte lo que necesitas, para no sentirte frustrado.

PREGUNTAS

- **Me cuesta mucho pedirle algo a mi jefe, es muy poderoso...**
  Tu jefe es muy poderoso, pero es probable que tú te sientas mucho más que él y no le pides por creerte omnipotente y para demostrar tu autonomía.

- **¿Cuál es la mejor manera de pedirle a mi esposo que cuide a nuestro hijo de dos años?**
  A tu esposo no tienes que pedirle que cuide al hijo de ambos; ocuparse de los hijos y hacer las cosas de la casa son tareas comunes a la pareja, llevarlas a cabo es rol de ambos.

Nudo Mental 30

NECESITO UN GRAN CAMBIO
EN MI VIDA

Idea liberadora:
Lo mínimo es lo máximo:
hacer un pequeño cambio

---

*Si un barco que va navegando desvía su curso
cinco grados hacia el norte, a babor (derecha)
o a estribor (izquierda), en el momento ese cambio
es casi imperceptible.
Pero si continúa avanzando, en la distancia se percibirá
el cambio realizado, que se verá multiplicado.
Ese cambio puede ser positivo o negativo.*

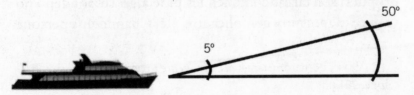

Un pequeño cambio trae tras de sí una catarata de cambios. Podemos compararlo a una ficha de dominó que cae y empuja a las que están detrás, o una bola de nieve que rueda desde la cima de una montaña y se acrecienta, formando una avalancha en su caída. Así como existen «círculos negativos», existen «círculos virtuosos» que empiezan con un pequeño cambio.

Reconozcamos que la diferencia entre «extraordinario» y «ordinario» son cinco letras: «extra». En los seminarios, suelo pedirle a la gente que se salude, y luego les digo que vuelvan a saludarse, pero con un poco más de calor, y la gente lo hace. Después les pido que lo mejoren otra vez y otra. La gente comienza a saludarse cada vez más calurosamente y a sonreír, a ensalzar al otro, y todo termina en un estallido de risas y saludos efusivos. ¡Un pequeño cambio mejora la atmósfera grupal y trae más alegría y pasión!

Once jugadores motivados en la cancha equivalen a cincuenta, y once desmotivados equivalen a cuatro. Para hacer una buena jugada solo es necesario empezar con un pequeño cambio. Lo mínimo siempre es lo máximo. Toda la vida se compone de cambios, todo cambia, entonces ¡gestionemos los mejores cambios!*

La resistencia al cambio

Hay personas que siempre dicen que no a cualquier propuesta, o cuando alguien les pide algo responden «no se puede», «es muy complicado», etc. Cuando una persona

---

* Véase, Bernardo Stamateas, *Más gente tóxica*, Javier Vergara, Barcelona, 2014.

se opone rápidamente a una propuesta o una petición hay dos posibilidades:

1. **Es temerosa de los cambios.**

   Esta clase de personas son conservadoras y la innovación les asusta, por eso lo primero que atinan a decir es «no». Al negarse evitan el cambio. Sus frases predilectas son:

   Esto va a llevar tiempo.
   Mmm, esto es muy lento.
   Estoy solo, ¡no puedo hacerlo todo!
   No me exijas tanto.
   Dudo que salga bien.
   Esto es mucho para mí.

   No me siento apoyado.
   Vamos despacio.
   Bueno, ¡que salga como salga!
   Es peligroso.
   Si siguen así, ¡lo planto todo!

2. **Tiene sus expectativas en otro lado.**

   No tiene motivación más allá de lo que hace. No quiere comprometerse y evita toda exigencia.

El empresario estadounidense John D. Rockefeller, después de lograr monopolizar la industria del petróleo en su país, negoció tarifas considerablemente más baratas con los ferrocarriles y las navieras a fin de distribuir derivados del petróleo como el queroseno, que se necesitaba para los artefactos de iluminación de todos los hogares estadounidenses. Cuando se inventaron las lámparas eléctricas, le aconsejaron que abandonara la comercialización del queroseno, ya que la gente utilizaría la electricidad. Rockefeller se resistió al cambio y a partir de entonces, toda su fortuna empezó a decaer.

Un líder deber ser líder del cambio. Tiene que perseverar hasta que la línea se rompa y el cambio se incorpore. Si cede antes, el cambio no entra en la cultura del grupo. La perseverancia hace que se internalice el cambio. Los hábitos son eso, resistencias. Por ejemplo, si en una oficina se quiere cambiar el sello rojo utilizado durante décadas por un sello negro, en un primer momento los empleados dirán que están de acuerdo, pero luego se quejarán, porque en realidad no les gusta. Si se sigue insistiendo y mostrando los beneficios del cambio, finalmente los empleados terminarán incorporando el sello nuevo.*

Un nuevo escenario

Toda crisis implica un cambio, la cuestión es cómo administrar ese cambio. Generalmente nos resistimos a él y no logramos administrarlo, porque el cambio inexorablemente se produce. Algunos parámetros a tener en cuenta son:

- No debemos tenerle miedo a la crisis, ya que nos permite crecer.
- Tenemos que aprender a aceptar que las cosas jamás van a volver a ser como eran. La gran ilusión de toda crisis es querer volver las cosas atrás y recuperar lo que era, pero eso, además de ser imposible, no sirve.

* Ídem.

- Solo si abandonamos viejas ideas podremos avanzar. No debemos aferrarnos al pasado.
- Tenemos que entender que no podemos funcionar igual que antes. Muchas veces cometemos el error de querer fotocopiar lo que fue, y eso no es posible. El cambio indica que no se puede. Sin embargo, sí podemos generar un nuevo escenario.
- Conservar las cosas como estaban solo logrará prolongar la crisis. Un ejemplo típico de esto es el caso de las parejas que se pelean y se arreglan, hasta que vuelven a pelearse para volverse a arreglar. Intentan recomponer lo que eran en vez de aceptar el cambio y empezar a funcionar de otro modo distinto. Parecen no darse cuenta de que si las cosas hubieran funcionado bien del modo en que estaban, no se habría producido una crisis.

La única manera de atravesar una crisis es ir adelante, aprender a funcionar de un modo nuevo, distinto. Tenemos que construir en un nuevo escenario, ya sea en el ámbito de pareja, laboral, financiero, etc.

El primer cambio es el más difícil, el segundo es mucho más sencillo. Ten siempre presente que poner parches no sirve, no nos cambia la situación.*

PREGUNTAS

- **¿De dónde viene, cómo se forma la resistencia al cambio?**

Un paradigma es una forma de pensar limitante, rígi-

---

* Ídem.

da, que nos lleva a actuar de la manera que actuamos, a pensar que el mundo es de determinada manera. Es una filosofía, una manera de pensar, una estructura mental formada por pensamientos, argumentos y razones, una forma de ver la realidad. Cada uno de nosotros ve la realidad desde su paradigma. Y ese paradigma nos genera una zona conocida, o «de confort», de la cual no queremos salir, porque eso implica entrar en una zona de ansiedad. Toda expansión siempre cambia la estructura.

- **¿Cómo puedo acompañar los cambios en el crecimiento de mis hijos?**
  Los hijos tienen que asumir responsabilidades que cambian de acuerdo con su edad. Tienes que darles tareas que sean capaces de realizar, y su importancia tiene que ir en aumento a medida que crecen. Es fundamental que les enseñes a asumir responsabilidades desde chicos, en la adolescencia ya será tarde.

BIBLIOGRAFÍA RECOMENDADA

ALBERTI, Robert, y Michael EMMONS, *Con todo tu derecho*, Obelisco, Barcelona, 2006.

ALMONTE, Carlos, *Embudos Mágicos*, Ril Editores, Valparaíso, Chile, 2010.

ANDERSON, Dave, *Cómo tratar con clientes difíciles*, Ediciones Díaz de Santos, Madrid, 2008.

AZAR DE SPORN, Selma, *Terapia sistemática de la resiliencia. Abriendo caminos, del sufrimiento al bienestar*, Paidós Ibérica, Barcelona, 2010.

BACH, Eva, y Ana FORÉS, *La asertividad para gente extraordinaria*, Plataforma, Barcelona, 2008.

BECK, Judith, *Terapia cognitiva para superación de retos*, Gedisa, Barcelona, 2007.

BERNSTEIN, Albert, *Vampiros emocionales*, Edaf, Madrid, 2003.

BING, Stanley, *¿Su jefe está loco?*, Robin Book, Barcelona, 2007.

BRENES PEÑA, Ester, *Descortesía verbal y tertulia televisiva*, Peter Lang, Berna, 2011.

BURNS, George, *El empleo de metáforas en psicoterapia: 101 historias curativas*, Masson, Madrid, 2003.

CAMACHO, Santiago, *Calumnia, que algo queda*, La Esfera de los Libros, Madrid, 2006.

CASTANYER, Olga, y otros, *La víctima no es culpable*, Desclée de Brouwer, Bilbao, 2009.

CAUNT, John, *Confía en ti*, Gedisa, Barcelona, 2001.

CEBERIO, Marcelo, *Ser y hacer en terapia sistémica*, Paidós Ibérica, Barcelona, 2005.

—, y otros, *Clínica del cambio*, Nadir Editores, Buenos Aires, 1991.

COVEY, Stephen, *La velocidad de la confianza*, Free Press, Nueva York, 2005.

CREIGHTON, James, *Claves para pelearse sin romper la pareja*, Longseller, Buenos Aires, 2005.

ELLIS, Albert, y Marcia GRAD POWERS, *El secreto para superar el abuso verbal*, Obelisco, Barcelona, 2002.

FENSTERHEIN, Hebert, y Jean BAER, *No diga sí cuando quiera decir no*, Grijalbo, Barcelona, 1976.

GARCÍA-RINCÓN DE CASTRO, César, «Nuevas metáforas para generar conflictos», en *www.cesargarciarincon.com*.

HILLMAN, James, *Tipos de poder*, Granica, Barcelona, 2002.

HIRIGOYEN, Marie France, *El acoso moral*, Paidós Ibérica, Barcelona, 2001.

KELLER, Hedwig, *El arte de decir No*, Obelisco, Barcelona, 2005.

KISSINGER, H. A., *White House Years*, Little Brown & Co., Boston, 1979.

LAKOFF, George, y Mark JOHNSON, *Metáforas de la vida cotidiana*, Cátedra, Madrid, 2004.

LIEBERMAN, David J., *Haga las paces con todo el mundo*, Amat, Barcelona, 2002.

LILLEY, Roy, *Cómo tratar con gente difícil*, Gedisa, Barcelona, 2002.

MARTÍNEZ GARCÍA, Felipe; Myriam RODRÍGUEZ BRICENO y Tamara FREUDENBERG, *Historias de Psicoterapia*, Universidad San Sebastián, Concepción, Chile, 2009.

MAXWELL, John C., *Capacitación 101*, Caribe Betania, Nashville, TN, 2004.

MINSHULL, Ruth, *Cómo escoger a su gente*, Publicaciones Dianéticas, México D. F., 1981.

MOHL, Alexa, *El aprendiz del brujo*, Sirio, Málaga, 2003.

NARDONE, Giorgio, *Psicosoluciones*, Herder, Barcelona, 2002.

—, y WEAKLAND Ray J., *Terapia breve y estratégica de los trastornos fóbicos: un modelo de terapia e investigación de evaluación*, Paidós Ibérica, Barcelona, 1988.

Retoricos.com

ROCA, Elia, *Cómo mejorar tus habilidades sociales*, ACDE Ediciones, Valencia, 2003.

ROGER, Ailes, y KRAUSHAR Jon, *Tú eres el mensaje*, Paidós Ibérica, Barcelona, 1993.

RUSS, Harris, Hayes y Steven, C. Ph D, *ACT Made Simple*, New Harbinger, Oakland, CA, 2009.

STAMATEAS, Bernardo, *Más gente tóxica*, Javier Vergara, Barcelona, 2014.

WATZLAWICK, Paul, *Teoría de la comunicación humana*, Herder, Barcelona, 1993.

WESS, Robert, *Tiranos, víctimas e indiferentes*, Urano, Barcelona, 2003.

WILLI, Jürg, *La pareja humana. Relaciones y conflicto*. Morata, Madrid, 2002.

WILSON, Nelly G. y M. Carmen LUCIANO SORIANO, *Terapia de aceptación y compromiso*, Pirámide, Madrid, 2002.

Fuentes digitales:

http://www.lanacion.com.ar/793962-tengo-que-instalarme-en-la-habitacion-donde-no-llueve

http://www.cci.health.wa.gov.au/docs/Distress%20Tolerance%20Module%202.pdf

http://www.autorizadored.es/la-historia-de-una-madre-el-azucar-y-gandhi/

http://archive.org/stream/RecursosParaWeb/Seminarios/NuevoAmanecer/PDFs/15-AltoALaDecadencia_djvu.txt

http://www.rinconpsicologia.com/2013/12/la-ley-del-camion-de-basura-como-evitar.html

http://diariopublicodebeto.blogspot.com.ar/2013/06/y-el-cuento-reza-asi-un-hombre-abrio-un.htm

http://mis-chistes.euroresidentes.com/2012/07/chistes-cortos

http://contarcuentos.com/2010/02/la-mujer-perfecta/

http://devocionaldiario.org/sermones/sermones-construir-puentes/

http://gaussianos.com/la-leyenda-de-dantzig/

http://en.wikipedia.org/wiki/Klopman_diamond

http://www.articulo.org/articulo/14496/cuento_para_pensar_la_olla_embarazada.html

http://cadenasverticales.blogspot.com.ar/2009/09/la-filosofiadel-pavo.html

http://elevangeliosegunjesucristo.blogspot.com.ar/2014/02/sigue-adelante-perseverancia-de-los.html

http://mujercristianaylatina.wordpress.com/2008/09/15/el-altar-familiar/

http://reflexionesdiarias.wordpress.com/2008/07/18/la-guillotina/

http://relatoscotidianosfd.blogspot.com.ar/2010/05/sabanas-sucias.html

http://mitosyleyendascr.com/fabulas/fabula51/

http://elblogdelmandointermedio.com/2013/11/04/un-ejemplo-de-como-ser-creativo-resolviendo-problemas/

DEL MISMO AUTOR

GENTE TÓXICA

Bernardo Stamateas

En nuestra vida cotidiana no podemos evitar encontrarnos con personas problemáticas. Jefes autoritarios y descalificadores, vecinos quejicas, compañeros de trabajo o estudio envidiosos, parientes que siempre nos echan la culpa de todo, hombres y mujeres arrogantes, irascibles o mentirosos... Todas estas personas «tóxicas» nos producen malestar, pero algunas pueden arruinarnos la vida, destruir nuestros sueños o alejarnos de nuestras metas.

¿Cómo reconocer a la gente «tóxica»? ¿Cómo protegernos y ponerles límites? Bernardo Stamateas responde a estas preguntas con claridad y convicción. Sus consejos nos ayudarán a hacer nuestras relaciones personales más saludables y positivas. En definitiva, nos ayudarán a ser mucho más felices.

Bernardo Stamateas es licenciado en psicología, terapeuta familiar y sexólogo clínico. Ha impartido conferencias en distintos lugares del mundo como miembro de la Sociedad Argentina de Sexualidad Humana.

EMOCIONES TÓXICAS

Bernardo Stamateas

Las emociones existen para ser sentidas, no para dominar nuestra vida porque, de hacerlo, se volverán tóxicas.

Sanar nuestras emociones implica prepararse uno mismo de cara a liberarse de las emociones negativas y tóxicas que, en definitiva, no nos ayudan a encontrar una solución.

La propuesta de este libro es otorgar a cada emoción su verdadero significado. Las emociones no pueden ser controladas desde fuera, sino que deben dominarse desde dentro de nuestra vida. Vivir significa conocerse, y ese conocimiento es el que nos permite relacionarnos con el otro y con nosotros mismos.

Descubrirás herramientas para salir de la frustración, el enojo, el apego, la culpa, el rechazo, y alcanzarás así la paz interior que anhelas.